零距离沟通

郭云霞 著

东华大学出版社

序　言

这是我人生的第一本书。

谢谢您愿意翻开这本书跟我以这种奇妙的方式进行对话。

想到这本书即将出版，我内心还是有些忐忑的。不知道这本书是否会被大家喜欢，也不知道这本书会给我的职业生涯带来怎样的影响，只是知道，这是我将近八年来站在讲台上讲授人际沟通这门课程的经验总结和心得体会，希望能够帮助更多在沟通方面有困扰的朋友们。如果本书中有一些话能给您一些启发，我将倍感欣慰。

无论是原始社会部落首领统领整个部落，还是历史上帝王将相统治整个国家和军队，只要人的集体属性不变，沟通的重要性就不减。可以说，在一定程度上，沟通成则事成，沟通败则事败。

当前，我们每天都要跟形形色色的人打交道。睁开眼睛要跟爱人孩子沟通，出去工作要跟同事客户沟通，休闲放松要跟亲朋好友沟通，可以说，沟通在我们的生活中无处不在。拥有良好的沟通能力，我们可以在家庭中感受到轻松喜悦、幸福甜蜜，更好地享受亲密关系和家庭温暖；同时，我们也可以在职场上顺风顺水、游刃有余，得到快速的晋升和更好的发展，绽放自己的天赋和才华。

在本书出版之际，借此机会，特别感谢培养我一路成长的新励成公司。如果没有这个广阔的平台，我想我不会成为今天自信的自己，也没有机会帮助更多的朋友。因此，感谢吴云川女士和刘慧女士创办了促进人们交流与发展、充满爱与关怀的公司，也感谢赵璧董事长和詹歆总经理把新励成带领得如此卓越。

我也要感谢开启我讲师生涯的人生贵人赵永花校长，还有一路走来在讲师成长的道路上谆谆教诲、不断引领我进步的林缨老师、徐豪老师，以及我走入课堂向他们进一步学习的高秋凤老师、李中莹老师、张国维老师、罗秋兰老师、林文采老师、薛圆圆老师、郭瑞立老师、叶武滨老师（排名不分先后）。感谢老师们的无私分享，让我不断进步，在人际沟通和心理学的领域越走越远，越走越好。

同时，感谢新励成软实力研究院的陶辞院长一路以来的督促和指导，以及在本书出版过程中给予的诸多帮助。

另外，感谢凌燕华老师、杨凤老师、杨青老师，他们在课程研发过程当中曾与我共同经历了思想的碰撞，还有每一位与我一起探讨交流，一起站在新励成的讲台上讲授人际沟通这门课程的老师；感谢每一位信任我、愿意把自己的沟通困惑与我分享的新励成学员们，以及每一位出现在人际沟通课堂上与我共同完成课程的新励成同学们。是你们，陪伴我在这条道路上不断精进，日益成长。

最后，感谢我的家人在我奋斗的道路上给予我的关怀和支持！

郭云霞

2020 年 8 月 16 日于苏州

CONTENTS
目　录

第 **1** 章

沟通原理

据《辞海》记载，"沟通"一词最早出自《左传·哀公九年》，原句为"秋，吴城邗，沟通江、淮"。意思是鲁哀公九年，秋天，吴国在邗国建城，开凿沟渠贯通长江、淮水。这里的"沟"指凿沟，"通"指连通，合起来就是"挖沟使两水相通"。"沟通"后来泛指使彼此相通，如：沟通东西文化。

人际沟通，顾名思义，指的是人与人之间彼此心意相通的过程。这个过程是如何发生的呢？哪些因素会影响沟通的结果呢？接下来，让我们一起，看看沟通的完整过程，分析一下沟通的特点，从而更加有效地进行人际沟通。

第 **1** 节 | **完整过程**

　　午后的阳光温暖而柔和，可是刚毕业不久的小倩却躲在公司阴暗的楼道里偷偷地小声抽泣着。因为，虽然自己加班加点辛苦地工作了一个星期，可是做出来的结果却根本不是领导想要的，一个月的辛苦付之东流不说，还被领导狠狠地批评了一通。一时间，委屈、无奈、伤心等情绪奔涌而出，让这个一向爽朗的东北女孩陷入了情绪的旋涡。情绪平静之后，她的思绪回到了一个月前。

　　那是一个阴雨连绵的上午，领导把她叫到办公室让她写一个策划方案，因为这个策划方案要求的细节比较多，她很努力地记下了领导说的每一个细节。可是，因为领导是潮汕人，有着浓重的地方口音，她听得非常吃力，遇到听得不是很清晰的时候，她不敢说听不懂，生怕领导认为自己的能力不够，理解力差，因此，只能自己拍着脑袋去理解、去想。她自以为猜到了领导的意思之后，就去努力做事情了。尽管做出的策划方案系统性很强，可根本不是领导想要的。于是，就难免被领导批评了。

你有过这样的经历吗？

明明很努力，做出的结果却不是领导想要的，问题出在哪里呢？是我们不够努力吗？还是我们能力不强？又抑或是我们没有与领导有效地沟通呢？

很显然，在小倩的案例中，她被批评是因为没有与领导进行有效地沟通。也许你会说，是因为领导普通话不标准，说得不清楚。的确，沟通从来不是一个人的问题，是双方的问题。这一点，在之后我们分析沟通的过程中就可以看到了。

可即便如此，我们能改变领导吗？显然不能，事实上，在这个世界上，除非对方自己愿意，否则我们不可能改变任何人。既然如此，我们唯一能改变的就只有自己了。

可喜的是，沟通是一个双方互动的过程，只要一方发生改变，沟通的结果就有可能发生改变。

沟通是如何发生的呢？沟通发生的过程中都有哪些微观过程呢？

事实上，在沟通开始时，一定有一个信息的发送者将信息发送出去，然后信息通过一定的渠道，比如邮件、电话、短信息、面对面等形式传递给信息的接收者，而信息的接收者又反过来作为信息的发送者再次发送信息，信息的发送者转换为信息的接收者接收信息后再次作为发送者发送信息，如此重复进行，直至双方达成一致，沟通的过程才真正完成。

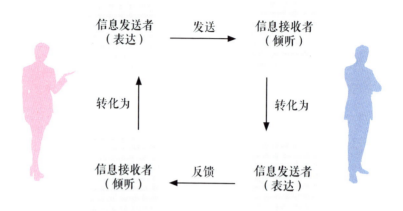

因此，在沟通过程中不存在单纯的信息发送者或者接收者的角色。双方都在这两种角色之间不断切换，直至达成共同协议才停止。

因此上图可以简化为下图的形式。

举例来说，如果我们发送一封邮件通知给同事，发完之后一定期待着对方的回复。如果对方不回复，我们始终不知道对方是否查看了邮件，是否知晓此事，也就不知道下一步应采取怎样的举措。

因此，现代心理学给出的沟通的定义是指为了一定的目标，将信息、思想和情感在个体或者群体间传递从而达成共同协议的过程。

沟通的信息传递媒介，包括书面沟通、社交软件沟通、邮件沟通、面对面沟通、电话沟通等。无论用哪种方式，都是为了在人与人之间通过信息的交流和互动达成一致性。本书所讲的人际沟通主要侧重于口语化的沟通，也就是通过面对面进行语言交流而展开的沟通。

沟通有狭义和广义之分。

狭义的沟通就是指工作和生活当中一对一的沟通；广义的沟通还包括一对多的沟通，就是平常我们所说的当众讲话，或者演讲。

本书中所讲的沟通主要侧重人们普遍理解的狭义上的沟通，也就是个人与个人之间一对一的沟通。

第 2 节 | 四大特点

要想提升人际沟通的能力，提高沟通的效率，就必须了解沟通的特点。根据沟通的完整过程，可以总结出以下四个沟通的特点。

一、双向性

有一年秋天，我们全家打算一起去苏州的天平山游玩。在出门之前，我跟先生说："记得把孩子的奶瓶带上。"说了一遍，他没有反应；紧接着我又了一遍，他还是没有反应；无奈我只能说第三遍，结果，我这边话音刚落，他那边便大声地喊道："我听到啦！都说了几遍了。"这显然是怪我太啰唆了。于是，我就反问他："我怎么知道你听到了呢？"

试想一下，如果他第一次就回答我一下，我是不是就不用重复了呢？因此，当对方向我们传达信息的时候，作为信息的接收者，我们一定要养成第一时间回应的习惯。比如，接到通知类的短消息或者邮件等信息时应第一时间回复"收到"；遇到没有听清楚，或者担心自己理解有误的时候，第一时间告诉对方，请对方再讲一遍。只有第一时间回应，我们才能快速完成沟通的闭环，提高沟通的效率。

开篇提到的小倩的案例就是一个典型的单向沟通的案例，领导说完之后，看到小倩那么认真地记笔记，想当然地以为她听懂了。可事实上，小倩根本没有听明白，也没有告诉领导自己没有听明白，而是自己猜想领导的意思，最后导致小倩努力了却没有完成好工作。

作为主动沟通的信息发送者，我们传递完信息后也要养成收取反馈的习惯。只有拿到对方的反馈，我们才能实时了解沟通的进度，及时调整沟通的策略，确保达成沟通的目标。因此，在小倩的案例中，如果她的领导在布置完工作后，请小倩复述一遍自己的任务安排，确保小倩听懂了，并且理解正确，也就不会出现后续的问题了。

二、目标性

记得有一个做销售的学员问了一个问题。他说自己有一个同事的业绩做得很好，可是非常自大。每次和那位同事说话的时候，对方都会摆出一副扬扬自得的样子，看上去让人厌恶。可是有时候为了工作，还必须和那位同事合作。每次与其交流的时候内心都很抗拒，但又不得不交流。于是觉得非常无奈和难受，不知道怎么办才好。

下面是我和他的对话：

"我能感受到你的无奈，你也可以不理会他呀！"

"不行呀，他业务能力比较强，如果想谈下这个客户，有他一起去成功的概率会更大。"

"既然如此，那你就正常理会他吧。"

"可是和他说话的时候，我感觉非常不舒服。"

"既然不舒服，那就不要和他说话了。"

"那不行，不说话，他不陪我去见客户，我就没办法签单。"

"所以，你到底要什么呢？"

他陷入了沉思。

人生的选择权永远在自己手里，沟通也是。

这位学员当然可以选择不理会这个同事，那就必须接受单子可能丢掉的后果；当然，他也可以选择理会这个同事，那就必须接受对方说话让自己感觉不舒服的后果。

可最关键是，自己到底要什么？

我能理解这位学员更关注的部分是"如何让那个同事不那么自负自大，让自己感受好一点"。但事实上，他完全可以找个适当的时机，把自己的感受告诉对方，或者暗示对方做出改变和调整。如果对方愿意改变，那自然皆大欢喜；可如果对方还是老样子，该怎么办，这不就又回到原来的问题了吗？

毕竟，对方是否会改变不是我们所能决定的，但我们可以决定自己是否改变，以及自己的沟通目标是否改变。

通过现代心理学给出的定义可以知道，沟通是有目标属性的，也就是沟通一定是为了一定的目标进行的。这个目标可能是闲聊，也可能是通知、说服、引导、寻求帮助、获得支持等。无论这个目标是什么，只有达成了这个目标，沟通才是成功的；否则，就是失败的。因此，如果这位同学最终的目标是拿下更多的单子，提高销售业绩，那么他就必须接纳对方说话让自己不舒服的事实；如果这位同学的最终目标是让自己心里舒服，那么他完全可以不理会这位同事，但也必须接纳单子可能签不下来，业绩可能提不上去的后果。无论他做出何种选择，都是对的，因为达到的都是自己想要的目标。

值得一提的是，我们必须经常明确自己的沟通目标，思考"我到底想要什么"，避免被情绪等外在因素带偏。

有一个学员分享过这样一个故事：一位太太因为特殊的原因把钥匙锁在了车里，于是给自己的丈夫打电话，丈夫因为在和参加培训的同学们聚会，觉得即使自己去了也解决不了问题，于是就打了开锁公司的电话，让开锁公司的人直接过去帮太太开锁。结果晚上回到家，太太非常生气，原因是丈夫没有立刻赶过去帮忙；而丈夫也非常生气，认为太太无理取闹，自己即使去了也帮不上忙，还不是一样需要开锁公司的人帮助。于是，两人就此展开了激烈的争吵。

丈夫讲的道理对不对？

非常对。可是这样讲并不能让太太不生气。相反地，如果他不马上讲道理，而是告诉太太："我知道了这个消息很着急，看到你现在这么生气也很后悔，早知道你这么生气我就应该放弃聚会跑回来。"

如果你是这位太太，听到丈夫这么说，气儿也消了一大半了吧？

因此，沟通的时候永远不要忘了自己的目标。要问自己，我们到底是要和谐的关系，还是分个是非对错呢？

"家是讲情的地方，不是讲理的地方"说的就是这个道理。在家庭关系中，即使我们是对的，经过一番唇枪舌剑之后用道理战胜了对方，可那又如何？赢了道理，输了关系。这是我们想要的沟通结果吗？显然不是。

也许你会说，她都发脾气了，我哪里还顾得了那么多，什么目标全忘了，当时只顾着发泄情绪了。

的确，情绪是沟通过程中非常大的干扰因素，容易让我们陷入感性的旋涡，忘记理性的目标，从而使沟通失败。这就要求我们不断地去提升觉察的能力，只有觉察能力足够强的时候，我们才能在情绪来临的当下，抽离出来，恢复理性，然后朝着目标的方向去沟通。

想要达成目标必须沟通，但沟通不一定能达成目标。因此，在沟通之前，我们首先要评估目标达成的可能性。

如何评估呢？

既然沟通是双向的，一定是希望双方的需求都可以得到满足。因此满足对方需求的程度越高，目标达成的可能性就越大。因此，我们必须评估一下，如果对方和我们的目标一致，那么对方能满足哪些需求。通俗地讲，就是对对方有什么好处。对对方的好处越多，满足对方需求的程度就越高，目标达成的可能性越大。

记得有一次，我想要外出参加一个课程的学习。那个课程一年才开一次，而且是国内知名的老师主讲，我特别想去，可是那几天恰巧校区已经安排了我的课程，只有校区同意换其他老师或者更改我的授课时间，我才可能去。当时我真的很想去和校区领导沟通看能不能换老师，可是再三思考后我还是放弃了，因为我评估了一下，沟通目标达成的可能性很小。

原因有三：第一，校区是以学员的满意度为最高标准的，一旦通知是某老师的课程，临时换老师会让学员的感受很不好；第二，之前已经有一次通知了是我的课程但临时有事我没有去，如果这次再临时换老师，对学员来讲就是第二次失望；第三，更改我的授课时间会影响校区其他课程的安排，会给校区带来很多麻烦。通过这样的评估和分析，通过沟通让校区换老师的可能性不到10%，既然如此，为什么还要费力去沟通呢？

因此，沟通之前评估目标达成的可能性，非常重要。

当然，这也需要我们在沟通前充分地换位思考，充分地了解对方的需求和特点。只有充分地换位思考，我们才能对沟通目标达成的可能性做出相对准确的评估。

　　面对沟通目标的时候，目标感越强，沟通的主动性就越大。但盲目地主动，可能非但达不成沟通的目标，反而会给人留下只考虑自己、不考虑别人的印象。经过事先评估，如果沟通的成功性不大，我们可以放缓节奏、暂时放弃，或者再想办法创造条件，增加可能性，然后再进一步沟通。

　　值得注意的是，沟通虽然是有目标属性的，是为了达成一定的目标而与沟通对象进行的信息交互活动。只有双赢，才能促进自己沟通目标的达成。如果一个沟通者，脑子里想的都是自己，那么无论他怎么努力，都很难达成沟通的目标。

三、易干扰性

　　沟通的整个过程就是信息在沟通者A和沟通者B之间不断传递的过程。这个过程容易受到一些干扰因素的影响，包括认知水平、情绪状态、环境状况、沟通渠道等。

●（一）认知水平

　　记得有一次，一位在外企做了十几年高管的学员下课后问我，为什么在自己和一些客户讲一些小笑话后客户并不觉得好笑，还可能变得不开心。

其实，这就是沟通双方认知水平不一样造成的。

我经常给很多企业做内训，让我印象最深的一次是给一家汽车租赁公司的基层员工做培训。那次培训我感觉自己特别不像一名老师，更多地像是一个"江湖人士"，"江湖气息"很浓，也没有一点儿老师儒雅的样子。尽管如此，大家课堂上却非常投入，课后反馈也超级好。

考虑到当时参加培训的学员学历普遍不高，我并没有用很多专业词汇，这样我们之间的沟通才可能达成最大的效果。

当然，如果我的培训对象是高层管理者或者企业家，以这样的状态可能就会被赶下讲台了。因为他们的认知水平决定了我必须用专业的术语显示我的专业性，同时用讲师的儒雅和博学给予他们更多的指引和帮助。

因此，为了保证沟通效果，我们必须用符合对方认知水平的且对方能听得懂的语言与之交流。

● （二）情绪状态

曾经有位做室内装修的学员，在课堂上分享了自己的一次真实经历。他有一次给一个老板做室内装修，价格事先已经谈好了，对方也答应如果一周之内完工就会付钱给他。他是一个非常讲究效率的人，带着自己的几个兄弟加班加点3天就把活儿干完了，等他高高兴兴地向那个老板收款时，老板反悔了。老板觉得他们赚钱太容易了，3天就赚这么多钱，不合理。结果这个学员一气之下，带着自己的几个兄弟，拎着斧头和锤子，一口气把3天来辛苦劳动的成果全部给砸了。砸完之后的确感觉很出气，可是结果可想而知——他不但没有要到一分钱，还白白浪费了装修材料和兄弟们的辛苦付出。

这就是情绪化所带来的非常糟糕的后果。

在沟通的过程中，情绪就像龙卷风，会把我们的理智席卷一空。一旦陷于情绪的旋涡，我们的沟通就会偏离目标。因此，情绪化是高效沟通的最大杀手。

同时，作为沟通过程中的信息发送者，我们在传达信息的时候，也要考虑对方的情绪状态。对方的情绪状态越好，心情越好，沟通起来也会越顺畅。

有一次，一位学员分享了他大学毕业第一次做推销员的经历。那是一个阴雨绵绵的下午，他敲开了一扇老板办公室的门。只见里面烟雾缭绕，一个老板靠在老板椅上，双腿搭在桌子上，并且紧皱着眉头，抽着烟。于是他热情地推销自己的产品，结果被一声呵斥吓得拔腿就跑，委屈、伤心、难过，还有气愤都一股脑儿地涌上心头，内心的挣扎简直无法形容。后来他好几天再也没敢去那个老板的办公室。

一个星期之后，由于业绩压力的逼迫，而手头资源又有限，他不得不再次去那个老板的办公室。这次推开门，悠扬的轻音乐传入耳边，走进去看到老板正非常悠闲地边泡茶，边哼着小曲。后面的结果自然是很顺利，那个老板买了他的产品。在他将要离开的时候，老板问他是不是曾经来过，他如实分享了上次的经历，老板感叹一声："小伙子，下次拜访客户要看客户的心情呀。如果对方心情不好，那么就赶快离开，否则，你不但卖不出去产品，还会惹得对方不高兴呀。"

这就是沟通对象的情绪状态对沟通效果的影响。

因此，无论我们是要向老板汇报工作，还是给爱人一些建议，或者是提醒孩子一些注意事项，一定要观察对方的情绪状态。如果老板此时的心情很糟糕，请先退出其办公室，一会儿再来；如果爱人此刻的心情不是很好，建议先缓一缓，等其心情好了再谈；如果孩子情绪有些低落，就过会儿再给他讲要注意的事项。总之，不是任何时候都可以直接沟通，也要看对方的情绪状态调整。

● （三）环境状况

记得有一次，有一位同学员邀请我跟其闺蜜聊一聊，帮她解决一些困惑。因为是中午休息，我们只有一个半小时的时间，而又没有很近的餐厅，于是，我们就约到了楼下的星巴克。在跟对方聊天的过程中，因为很想帮助她，并且我们又是坐在一个偏角落的位置，我便尝试着用引导的方式走入她的内心，看能否给她一些实际的帮助。可是，无论我怎样引导，对方的心门都无法彻底打开。好几次，我看到她的嘴唇都在颤抖，欲言又止的样子，只好放弃了。可见，在开放的环境，即使是角落里，对方依然没有安全感，潜意识依然会出于自我保护而回避我的问题。如果是在安静的咨询室里，那么我一定能够帮助到她更多。

环境不同，场域的能量就不同。相应地，人在不同环境中的心境，包括能量状态也都会不同，因而沟通的结果也会不同。这也就是为什么与客户洽谈要安排在安静的咖啡厅而不是菜市场，向爱人求婚或者示爱要安排在浪漫的餐厅而不是大排档。

● （四）沟通渠道

所谓沟通渠道，就是信息传递的方式。常见的沟通渠道有面对面、电话、邮件、短信息、会议等。不同的沟通渠道起到的效果不同，选择正确、合适的沟通渠道有利于信息的传播、思想的交流和情感的融入，能够使沟通更加深入。

面对面沟通能随时传递语言、表情、动作、情绪等很多表达要素，因而是最高效的沟通方式。如果要跟对方谈重要事情，面对面沟通是首选。

但是由于受空间距离的限制，有时候必须隔空沟通，通常是电话沟通。电话沟通虽然没有办法进行眼神、肢体动作和表情的交流，但因为对方能听得到声音以及语气语调，对于情感的交流还是有帮助的。

很多时候当我们觉得事情没那么紧急，又想要沟通交流下，就可以选择短信息沟通。随着移动互联网的广泛应用，短信息沟通以其方便、安全的优势成为主流，但也成了很多人逃避电话沟通和面对面沟通的武器。因为短信息毕竟只能传递文字内容，语气语调和肢体表情都无法及时完整传递，所以沟通的效率相对没有那么高。

在职场中，我们建议大家：能面对面沟通的就不要电话沟通，能电话沟通的就不要短信息沟通，能短信息沟通的就不要写邮件沟通。邮件属于相对正式的信息传递方式，一般都是在规范化工作流程中使用。

说到短信息沟通，这里也想给大家分享一些提高短信息沟通效果的小技巧。首先，一定要多使用表情符号，尽量每一句话都带一个表情符号。因为表情符号可以代表我们的情绪状态，从而让对方除了接收到文字内容外，还感受到我们的心理状态；其次，一定要多使用诸如"哦、哈、哒、呀、哇、啊"等语气词。语气词虽然是虚词，没有什么实质性的含义，但是它们却可以传递情绪，从而让对方感受到我们的情绪状态，沟通起来会更顺畅。

四、对方决定性

（一）结果由对方决定

创新工场CEO李开复曾经在微博上转发过一个案例：有本书，英文名叫*How to Change Your Wife in 30 Days*，面市一个星期之内售出200万本。直到作者发现书名拼写错误，正确的应该是：*How to Change Your Life in 30 Days*。改正后整整一个星期，只卖了3本。

虽然这个故事被怀疑是一个段子，却也揭露了人的本性——希望改变对方。为什么我们总是希望改变对方呢？因为沟通的结果最终由对方决定。

比如，一个妻子想让丈夫拖地，腿脚长在谁的身上？当然是丈夫身上。一个妈妈想让孩子写作业，胳膊和手长在谁的身上？当然是孩子身上。因此，丈夫最终愿不愿意拖地，孩子最终愿不愿意写作业，都是由他们自己决定的。也许看到这里，你会说，既然沟通的结果是由对方决定的，那还沟通什么？丈夫不拖地就算了，孩子不写作业也算了，客户不愿意签合同也算了，一切听之任之吧。

但事实上，正是因为沟通的结果由对方决定，所以沟通才显得如此重要。我们需要充分了解对方的需求，看懂对方的情绪，揣摩对方的想法，用合适的方法充分与之沟通，逐步促进对方发生思想和行为的改变，从而达成我们的沟通目标。

但是，沟通是一个双方达成共同协议的过程，无论发起者使用怎样的说服技巧，都只能影响对方，最终的决定权都在对方手里。

每次在人际沟通课程开始之前，我都会问大家"有没有人希望学了这个课程之后改变自己的爱人、孩子或者领导、员工的？"每次都会有同学举手，我也每次都会毫不留情地给他们泼一瓢冷水，告诉他们三个字——不可能。我知道他们会失望，包括正在看这本书的你，可是事实的确如此。

除非对方愿意改变，否则，我们不可能通过沟通技巧去改变任何人，因为这个世界上没有人愿意被别人改变，包括我们自己。

听到这里你一定很失望，心想，那我还学沟通技巧干吗？

别急，我们虽然不能改变别人，但是我们可以影响他人，通过影响他人，让他人自动、自发地愿意去改变，从而达到希望对方改变的目的。而沟通技巧，就是让我们尽自己最大的努力，在满足对方需求的同时，发挥最大的影响力去影响对方，以达成我们最终的目的。不过有一点必须记住，那就是，无论对方是否愿意改变，决定权都在对方手里。

记得有一位40多岁的学员在分享来这里学习的目标时说道："我希望自己可以说服母亲接受手术治疗。为了这件事情，我跟母亲吵了很多次，希望通过人际沟通的课程找到方法，说服母亲。"听到这番话，我感受到了一个儿子对母亲的一片孝心。同时，我也看到了一个儿子以爱的名义对母亲的"操控"，和一个母亲对自己人生选择权的坚决维护。

在生活中，当我们期待通过沟通的技巧、说服的技巧或者其他的技巧让他人一定要、必须要按照我们的想法去做事的时候，这里面都有一份"控制"。而且，这份控制会以爱为名，让我们毫不觉察。

每个人都是自己人生的主人，都对自己的人生有着绝对的选择权。我们爱母亲，却不可以剥夺母亲对自己人生做选择的权利。我们可以沟通、可以说服，甚至可以反复沟通、反复说服，但是当对方无论如何都决定按照自己的意愿去做的时候，我们就要接纳和理解这样的事实，尊重和允许对方按照自己的想法行动。对孩子、对爱人亦是如此。

爱，不是我们可以操控对方的理由。爱是尊重，尊重对方为自己的人生所做出的选择；爱是允许，允许对方承担因为自己的选择所带来的结果。我们可以用尽所有的沟通方法去引导、去影响，但当对方做出最后决定的时候，我们唯一要做的，就是尊重和允许。

● （二）有效方式由对方决定

如果沟通的结果最终由对方决定，那么，我们的沟通方式是否有效，也是由对方决定的。只有对方听懂了、接受了，才能协助我们达成自己的沟通目标。

春秋时期，鲁国有个著名的音乐家，名叫公明仪。他对音乐有极深的造诣，善于弹琴。他的琴声优美动听，人们听到如此美妙的琴声之后往往如痴如醉。有一年春天，他带着琴来到城郊的田野散步，和煦的春风将青草的芳香吹到他的面前，让他心情非常舒畅。他环顾四周，发现不远处有一头大公牛正在吃草。他兴致勃发，突发奇想要为这头公牛演奏一曲，于是他拨动琴弦，对着这头公牛弹奏了一首高雅的《清角》。虽然公明仪弹奏的曲子非常悦耳动听，但是那头吃草的牛儿却根本不理会，仍然低着头继续吃草。这个对牛弹琴的故事，相信大家都印象深刻吧。我们来思考下，对牛弹琴而牛听不懂真的是牛的错吗？如果弹奏者用牛能够听得懂的"牛语"与牛沟通，牛是不是就听得懂了呢？

因此，沟通要想达到效果，必须用对方能够听得懂的、能够接受的方式来进行。

记得有一次，我在教授爱子有方的课程之后，有一位妈妈与我分享了她的困惑。她了解到孩子想要买车的需求后，为了不让儿子背负贷款，就把自己的车给了孩子，再重新买了辆新车。本是一片好心，儿子却在朋友面前吐槽说："你以为我妈她是为了我啊，她只是自己想换车了而已。"并且经常在朋友面前抱怨，觉得自己的妈妈对谁都比对自己好。这位妈妈很不理解，明明自己很爱孩子，孩子为什么会有这样的想法呢？

其实，这就是没用对方能接受的方式进行沟通的缘故。

你见过这样的家长吗？因为孩子做错事情，一巴掌打过去之后，理直气壮地告诉孩子："不许哭，我打你是因为我爱你，我怎么不打别人？"如果你是那个被打的孩子，你能感受到妈妈的爱吗？你相信妈妈是为自己好吗？显然不会。很多时候，我们总是用自认为对的方式去爱孩子，却忽略了孩子的感受，爱应该以对方能够接受和喜欢的方式进行。

举个简单的例子：我最喜欢吃的水果是香蕉，假如你最不喜欢吃的就是香蕉，而我每一次见你都会送你一根香蕉来表达我对你的爱和关怀，你能感受到吗？你很可能会说："真讨厌，我最不喜欢吃香蕉了。"可是我也感到很冤枉和委屈，因为我把最喜欢吃的香蕉给了你。

因此，表达爱要以对方能够接受和喜欢的方式，沟通亦是如此。

第 3 节 ｜ 核心能力

我想你之所以翻开这本书，大概是为了提升自己的沟通能力。沟通是一门很大的学问，但我们需要重点提升的能力是什么呢？

有一天，消防局的电话突然响起，当接线员接通电话的时候，对方非常慌张地说："着火了！着火了！快来救火！"

接线员听到后立刻询问："请问是哪里着火了？"

只听见对方大声说道："厨房着火啦。"

接线员又问道："我是想问我们要怎么才能过去？"

这时候，对方在电话里大声说道："你们不是有消防车吗？开着消防车过来就好了啊。"

看到这里，你是否能感受到那位接线员心急如焚的心情呢？他根本得不到具体地址信息，又怎么去救火呢？可见，清晰表达在沟通中是多么重要。

沟通的过程是一个信息在沟通者A和沟通者B之间不断传递直至双方达成共识的过程。这个过程犹如我们打羽毛球一样，你把球打出去，对方把球接到再打给你。在这个过程中，把球打出去就是表达，接到球就是倾听，再打出去就是反馈（回应）。

那如果在这一过程中接不到对方的球（听不懂对方的真实意思），又会发生什么呢？

有一位学员曾分享了自己刚入职场时的一件"糗"事。她是公司的行政专员。有一次公司决定重新调整办公室的布局，需要移动一位领导的座位。但这位领导正好出差在外，于是这位学员出于好心就帮忙把这位领导的座位移开了。这位领导回来后就找不到座位了，她看到后赶快去解释。对方看她一直解释便随口说了一句："是我不好，位子挡住大家了。"结果她连忙说："是是是。"

于是，从那天之后，她就感觉那位领导不怎么搭理她了。当然，这也有可能是她的错觉。可仔细想想，她当时的回答的确不太妥当。领导只是客气地回复一下，她竟然盲目地表示认同。要知道领导这样说话的背后也许有其他的意思，如果我们都听不明白对方话里真正的意思，又怎么能做出正确的回应呢？

可见，只有听懂对方的真实想法，我们才能正确地给出回应，也就是反馈。

每次在课程开始前，我一般都会请学员分享一下自己想学习人际沟通课程的目的。大多数学员都先回答的是：想提升自己表达的精准性、条理性；想找到聊天的话题；能够在沟通中说到对方的心里去等，却很少有同学提到想要提升倾听的能力。但一个人表达能力很强，说起话来滔滔不绝、口若悬河，他的沟通能力就一定很强吗？

答案是否定的，因为沟通能力的强弱是通过是否能够达成沟通目标来衡量的。如果我们的表达能力很强，但是聊的内容都是对方不愿意听的，那么又如何达成沟通目标呢？

因此，表达能力固然重要，但倾听能力也同样重要。甚至，有时候倾听是比表达更重要的沟通技巧。

有一位北京的某上市咨询公司的高管，他作为学员在某次课堂上给大家分享了自己刚入公司时的一件印象深刻的事情：当时，他们公司想要跟某电信公司达成合作，而他对这块业务比较了解，便认为这是一个可以表现自己的机会。为了谈成这笔业务，他做了大量的准备工作，包括精美的PPT、精美的文件夹以及厚厚的打印文件。

第二天，他满怀希望地去客户的公司，没想到对方提出的第一个问题是："能否给我们介绍一下你们公司的情况？"

他一听到这句话，感到非常兴奋，这种信手拈来的问题正中自己下怀。于是他便开始滔滔不绝地向客户讲述了自己公司辉煌的历史，甚至包括公司当年是怎么创立的、如何发展的，仿佛他亲身经历过一样，讲得绘声绘色、声情并茂。讲完这些之后，他没有停下来，反而又将公司一些最重要的咨询方法从头到尾介绍了一遍。半个小时后，他结束了激情四射的演讲，却换回了全场的一片沉寂。

结果你一定猜到了，他出局了。因为他太着急表达自己了，却对客户的目标、客户关注的事情以及客户所面临的挑战一无所知。

当我们不知道对方关注的事情是什么的时候，我们说得再精彩，对方也不一定会被打动。

直到后来，他才懂得凡是有人提出"能否给我们介绍一下你们公司的情况"类似问题时，一定要再让对方说得更具体一些，可以先问："您想具体了解我们公司哪方面的情况呢？"

这样先听出对方的真实想法，然后再有针对性地回答，才有可能是对方真实想要了解的内容，而不是漫无目的、滔滔不绝讲30分钟也讲不到重点。毕竟，如果不能够听明白对方真正关注的焦点，即使说得再好，也没有办法达成沟通目标，沟通依然是无效的。

看了这么多案例，其实表达和倾听才是我们在沟通过程中需要重点提升的两个核心能力。因此在后面的章节中，我会围绕表达和倾听两大核心能力的提升展开分享，希望能帮助大家通过提升这两个板块的能力来提升整体的沟通能力。

第 4 节 ｜ 影响要素

在上一节中我们知道了沟通是有目标属性的，只有有利于目标达成的沟通才是有效的沟通；还有提升沟通能力的两个核心分别是表达能力和倾听能力。

那除了核心能力以外，还有什么能力会影响沟通效果的达成呢？

回答这个问题之前，我们先来看看苏秦的经历吧。

苏秦的父母都是种地的农民，但苏秦不甘平庸，勤奋好学，曾到齐国拜鬼谷子先生为师。学成后，他外出游历多年，由于学问不深，遭人轻视，穷困潦倒，最后只得衣衫褴褛地回到家中。

回家后，家人都讥笑苏秦不专心种地，却喜欢谈天说地，不仅父母兄长都不搭理他，嫂子见了他连织机也没下，而且妻子也不给他做饭烧水。

受到打击的苏秦更加发奋图强，闭门不出，埋头攻读。他常常读书到深夜，如果想睡觉时，就拿一把锥子，往大腿上刺一下，扎得鲜血直流。就这样，苏秦伏案钻研《周书阴符》

一年后，终于揣摩出了合纵连横之术。然后他游说列国，并且深得燕文公赏识。而后，苏秦先后说服其他诸侯"合纵六国以抗秦"，并最终如愿组建"合纵联盟"，苏秦亲自任"从约长"，兼佩六国相印，名震天下。

苏秦发达富贵后，衣锦还乡，车马、行李无数，他的父母兄嫂、妻子跪在地上，不敢抬起头来看他。苏秦问嫂子："为什么以前态度傲慢而今天如此恭敬呢？"他的嫂子回答："因为小叔子你现在地位高，钱又多啊！"于是苏秦感叹道："同样是我这个人，富贵了亲戚就敬畏我，贫贱时都轻视我，其他一般人更不用说了。"

读到这里你一定想到了一个成语——"人微言轻"。

这个成语听起来的确会让人不舒服，但的确揭露了影响沟通效果的几个重要因素。

一、社会地位

就像前文中的苏秦一样，在无人欣赏他的才学的时候，兄嫂甚至妻子都不待见他，更别说他的理想和抱负会有人欣赏了。但"飞黄腾达"之后，他的兄嫂和妻子对他的态度就有了180°的大转变，大家听的效果就完全不同，这就是受到说话人的"社会地位"的影响。

几乎所有"大器晚成"的成功人士都会有苏秦那样的感受。没成功的时候，大家都认为你的话不可信，不愿意听；成功后，同样还是说那些话，大家就认为那些是成功名言、励志演讲，每天不断地听。这就是"社会地位"变了，影响力就变了，大家的接受度也跟着变了。

因此，如果我们想要提升自己的沟通能力，除了提升表达和倾听能力之外，还要想办法提升自己的综合实力，增强自身的影响力。影响力越大，沟通效果就越好。

二、身份

身份不同，说出去的话效果就不同。

我的母亲是一个典型的非常强势的女性，在我的印象里，家里什么事都要听她的。

记得在我们家盖房子的时候，其实母亲对建筑材料和房屋设计一点儿都不懂，而父亲在工地上工作过很长一段时间，有很丰富的经验和见解。但即便如此，无论父亲说什么，母亲都会反对，每次都需要包工头出来说话，母亲才能答应按照父亲的想法去做，这一度让我的父亲很苦恼。连包工头都会打趣他说："你媳妇不是听不进去别人的话，是听不进去你的话。"

其实，不是父亲说话不对，而是在母亲眼里包工头才是"专业人士"，因此更容易得到认同。

就如同一些有孩子的家长一样，明明自己和孩子强调过很多次，可孩子就是不愿意听，或者听不进去。可如果这句话由老师说出来，孩子就很愿意听，甚至愿意去照做。

这就是身份不同，沟通的效果也不同的表现。

三、形象

有一句话说得非常好："你的形象价值百万。"

除了第一印象的重要性之外，更重要的是，我们的形象会影响对方对我们的预判和态度，从而影响沟通效果。

如果你上课时所有老师的着装都非常正式，男老师西装领带，女老师衬衫西裙，给大家一种十分专业的感觉，那么学员听课的时候都会很认真，不会有太多的怀疑和质疑。

但如果一个男老师身穿大背心，脚上穿着拖鞋，站在讲台上给大家上课。那么这时学员们直观的反应大多应该是：这老师专业吗？讲的内容谁不知道啊？一看就没什么经验……

当学员开始质疑时，听课的效果就会大打折扣。

记得以前看过一个短片，让我印象特别深刻。记录者先是让小女孩穿着破烂的衣服，并且把她打扮得很脏、很丑，让她在大街上站着，想看看路人的反应。

此时记录显示所有的行人都匆匆而过，没有给小女孩提供任何的帮助。当小姑娘去一些高档餐厅时，一些用餐的人会嫌弃地躲着她，甚至还有人要求服务生把小女孩赶出去。

记录完这些之后，记录者又请化妆师给小女孩穿上很漂亮的名牌衣服，扎上很漂亮的头花，继续让小姑娘站到马路上。这一次，时不时地会有人走到小姑娘跟前问她是否需要帮助。等她去到餐厅的时候，周围用餐的人也会友好地问她家长在哪，并邀请她坐下来一起吃，甚至还有人帮她点了一杯果汁。

先不说什么人情冷暖，关键是你的形象也许会决定这一次的沟通是"冷"还是"暖"，这就是形象在沟通过程中的影响力。

因此从今天开始，让自己端庄、漂亮、优雅，好运就会开始追随你。

四、关系

中国有一句老话：关系好了好办事。说的就是人际关系对沟通效果的影响。

在职场中，团队协作是一门"学问"，每个人都不是完美的，都有自己擅长的领域，很多业务靠着自己一个人单打独斗是没有办法完成的。如果你和团队成员或公司同事互相敌对，那么在工作中就很难实现"有效沟通"，这样大家就很难完成好自己的工作。

在团队中只有维系好和团队成员的关系，才能让沟通更加顺畅，发挥出各自的优点，才能出色地完成工作。

在生活中也是同样的道理，都说"朋友多了路好走"，用自己的能力和真情实感去维护好朋友间的关系，大家互帮互助，人生的路才更"好走"。

另外，关系对沟通的影响在亲子教育的过程中尤为重要。很多家长总喜欢让孩子听自己的，或者想要强行改变孩子的某种行为。但往往发现在亲子关系不好的情况下，无论我们说什么，孩子都是抗拒的。这也是为什么我会在爱子有方的课堂上反复强调：亲子关系大于亲子教育。

因此无论在家庭，还是在职场，有了关系，一切都没有关系；没有关系，一切都有关系。

第 2 章
高效表达

前面的章节讲到，沟通能力提升的两个核心是表达和倾听能力的提升。这一章，重点讲解如何提升表达能力。

那么，什么是表达呢？表达不仅仅是说清楚。事实上，从字面上我们就可以一探究竟。"表达"由两个字组成，一个是"表"，也就是"表述"，另一个是"达"，也就是"传达"，组合起来就是"表述"加"传达"。

也就是我们不仅要把想要表达的信息清晰地表述出来，还要让对方打开耳朵，愿意倾听，从而把信息有效地传递给对方，确保对方接收到了我们的信息。

第 1 节 | 表达技法

我们把将想说的信息清晰地表述出来的能力称为表达的技法。但是有的人在表达时讲话啰唆、没有重点、条理不清晰、逻辑很混乱等问题，这些其实都是表达不清晰的表现。

那么究竟如何让表达更清晰呢？

一、主次性

记得有人分享他做麻婆豆腐的经历时，首先讲解了挑选新鲜豆腐的方法，讲得真是非常详细，从色泽、手感、香味等三个角度进行了详细的分析。可是两分钟过去了，他的这道菜怎么做还没开始讲呢！

他的发言就是典型的主次不分：不知道什么是重点内容，想到什么就讲什么。

所谓主次，就是要分清楚哪些是我们希望对方听到的主要内容，哪些是为了辅助对方听清楚，或者把重点讲得更具体的补充内容，也就是次要内容。

语言是思维的外壳，想要在语言表达上分清主次，我们就一定要有清晰的思维框架。只有思维框架清晰，我们在表达的时候才能分清主次。

● （一）什么是思维框架

如果用建房子打比方，所谓的思维框架就是我们提前画好的图纸。这样我们才知道应该在什么地方打地基，在什么地方放钢筋，在什么地方架房梁。同样的道理，只有说话前在脑海中形成一个大体的思维框架，我们才知道大概要讲哪些内容，每一部分大概要占用多长时间，才能避免随意拓展，导致啰唆和跑题等问题出现。

说到说话啰唆，应该很多朋友都不陌生。其实，说话啰唆就是思维混乱的折射。如果一个人说话前思维框架很清晰，说出的话就不会东一榔头西一棒槌，给人抓不住重点的感觉。

● （二）如何搭建思维框架

对自己所要讲的主要内容进行分类整理，看看可以分为哪些部分，然后把这些按照一定的逻辑关系排列起来。

如果还是用建房子打比方，就是要提前确定自己打算盖几个房间，是一室、二室还是三室，以及这几个房间是怎么布局的。确定好这些后，框架就搭好了。

● （三）确保主次清晰

框架搭好后，怎么样才能确保我们的语言主次清晰、不啰唆呢？

首先，需要根据沟通的总体时间对想要表达的主次内容进行时间分配。主要表达的内容需要多分配一些时间，同时在叙述时随时注意调整主次内容之间的时间分配，做到随机应变，灵活调整。

其次，讲的时候不要因为担心别人听不明白而反复讲。如果对方有不明白的地方可能会随时或等你表达完后再询问，我们也可以设置提问环节来确保对方的问题能够有机会得到解答。因此，我们只需要语言简练就可以了。

▌二、简练性

1863年11月19日，在美国盖茨堡演讲会上，来自马萨诸塞州的演说家爱德华·伊维瑞特发表了长达两个小时的演讲，可大多数人已不再记得他讲的内容了。随后上台的亚伯拉罕·林肯只讲了两分钟，而他的这篇500字的演讲稿却流传至今，成为美国历史上最著名的演讲稿。

由此可见，语言表达的简练性有多么重要。

那怎样才能做到语言简练呢？

●（一）不说无关，只说重点

有时候，我们因为担心对方听不懂，就会进行大量的解释，但越解释反而越容易偏离原来讲话的主题。

因此在沟通过程中，你需要尽量多叙述，不要做过多解释。

我经常会让学员们做一些场景演练，让每一位学员都有机会扮演总经理，然后听扮演行政专员的同学说这样一段话：

"去年那次节日活动，购买的气球没有全部用完，剩余了不少，我把它们都带回了办公室，留在这儿用。其实，剩余的气球在办公室还是没有用完，剩下了一半。确实，我们今年没有多少预算来购置聚会上的各种物品。我的意思是我本来想让参加聚会的人带点糖果回去的，可是因为预算不足，只好省去了。所以，我在琢磨着怎么从这次节日活动的开销里省些钱出来，最后我决定这次聚会用上次节日剩下的没有用完的气球，这样就可以省一些预算开支，您认为这样可以吗？"

如果你是正在听这段话的总经理，你的感受是什么？

太啰唆了！

没错！如果下属在表达前能够细致地把握交谈的重点，去除原表达中一些啰唆的成分，如剩余的气球被带回办公室、本想让聚会的人带点糖果回去等一些无直接关联的阐述，而是用简洁的语言表达出他的观点："办公室剩下不少上次活动用过的气球，为了节省些开支，我想这次聚会继续使用这些气球，您看可以吗？"

这样的话，你的感受会不会截然不同呢？

● （二）先说结论，再说原因

在演讲的时候，我们可以预知自己能够完整用于表达的时间是多少，而且观众在这一个时间段是能够"全身心"地听自己说的，因此我们可以用讲故事的方式展开演讲内容。

但是在职场中，当我们与客户或领导交流的时候，对方可能会因为工作很忙，没有那么多时间听我们一直说。因此，怎么样让对方快速地抓住我们所要表达的内容就至关重要了。

芭芭拉·明托在《金字塔原理》一书中，提出了这样的观点：先说明论点，再阐述论据，有助于沟通的顺利展开。

我们先来看一个例子：

假如你是总经理，你负责外联的下属对你说："李总，您好！济南那边的工作需要公司提供支持，我们部署在济南的A系统在调试的时候总是出问题，另外，济南那边的客户特别不配合我们的工作，工作开展得很不顺利。我们总结了一下原因，济南那边A系统在中国的那台服务器上面部署了四个系统，有点跑不动。另外，客户关系不太好，可能是因为前期沟通较少，项目部刘经理对我们不是很满意，总是从中作梗……"

如果你是李总，一定很想打断他，对吗？

这位下属说了这么多却没办法让上司了解他想要表达的内容是什么。如果下属直接说："李总，我想申请一台新的服务器和一部分费用。"那么这时李总肯定会问"为什么"了，这时候再说前面那些话，李总自然就能够搞清楚事情的来龙去脉了。

这就是先说结论，再说原因的好处。

三、条理性

所谓条理，字面意思为"一条一理"，就是把想讲的内容进行分类整理，然后一条一条地讲出来。

有条理的表达方式会让对方听起来前后衔接非常顺畅、非常清晰。事实上，当我们把思维框架搭好后，所要表述的内容自然就会有条理性。

那么常用的思维框架有哪些呢？

1. 如果是说明性内容，这个框架可以概括为三个字：总、分、总。

第一个字：总，指的是总体概述，也就是在表达之前首先告诉对方我们所要表达的主要内容或者核心观点。

比如，"接下来我将结合一个月以来的实践经验谈一谈人际沟通这门课程给我带来的帮助""接下来我想谈谈如何提升表达过程中的条理性"。这些都是开门见山，直接告诉对方接下来我们要讲的主题和核心是什么。

第二个字：分，指的是对接下来要讲的内容进行分类，每一条讲一类，逐条讲完所有的内容。

为了突出重点，让沟通对象更容易记住我们所讲的内容，在这一个步骤里，我建议大家按照"数字+重点+展开内容"的形式进行阐述。也就是说，在讲每一条内容时，首先把重点信息提炼出来，然后再展开阐述相应的内容。

比如，"接下来我们来聊聊学习完人际沟通课程带给自己的收获。第一，了解了人性。跟人打交道，必须了解人，'五大人性'的讲解让我对人性有了透彻的了解，让我知道了在和人交往的过程中哪些可为，哪些不可为。第二，学会了巧妙批评。我们不可避免地要指出身边人的问题，提供相应的建议，'六把手术刀'是非常实用的落地技巧和方法，让我更加游刃有余。第三，学会了有效赞美。赞美是人际关系中非常重要的技巧，'十五枝玫瑰花'让我切实掌握了有效赞美的具体方法，让我对赞美和人际关系更加有信心。"

这就是分三条对核心内容进行展开阐述。

根据大脑的记忆规律显示，大脑喜欢记简单的词汇，越简单、越简练，大脑记得越牢固。因此，最好将每条的重点内容概括为二至六个字。同时，重点内容的语言结构或者字数相同就更好了。

举例来说，"接下来我们聊一聊2020年人们的生活都会遇到哪些挑战。第一，经济压力增加。突如其来的新冠肺炎疫情让经济在短时间内难以恢复如常，人们的经济收入锐减，甚至很多人还面临着失业的危险，但房贷和生活成本依旧不减，这使得人们的经济压力增加。第二，心理压力增大。面对突如其来的新冠肺炎疫情和随之而来的收入骤减，经济拮据的恐惧导致大家的内心或多或少地出现焦虑情绪，心理压力增大。"

"经济压力增加"和"心理压力增大"这两条重点内容的语言结构相同，字数相同，表达时更顺畅，记忆起来也更方便。

值得说明的是，根据大脑的记忆规律，在一般的沟通表达中，表达2—3点就可以了，最好不要超过3点，否则大脑不但记不住，还会造成混乱。

第三个字：总，指的是再次通过"数字+重点"的方式总结上面讲的所有内容，目的是让对方记得更牢固。

大脑的记忆规律显示，重复的次数越多，大脑记得越牢固。因此，表达到最后时要再次重复前面讲到的每一条的重点信息，让对方记得更牢固。

根据上面的第一个例子，我们可以做如下总结："人际沟通这门课程给我带来的收获主要有三点：第一，了解了人性；第二，学会了巧妙批评；第三，学会了有效赞美。"

2. 如果是叙事性内容，这个框架可以概括为"六何公式"，分别是：何时、何地、何人、何事、何感、何故。

相比说明性的内容，故事具有极强的吸引力。因为故事更容易在人的右脑中产生画面，同时更容易被潜意识接收。

因此，一个沟通高手大多是一个会讲故事的人。

那么如何才能讲好一个故事呢？

首先，任何一个事件的发生一定伴随着相应的时间和地点。因此，在叙事之前我们首先要说明时间和地点。需要注意的是，时间和地点描述得越具体，对方会感觉越真实，全情投入故事中的主动性也会更强。

其次，在描述事件的时候，要多注意一些细节描写。我们可以从视觉、听觉、嗅觉、味觉和触觉这五个外部感官的感受进行描写，当然，也可以根据情节适当地加入一些心理描写，让这个故事情节更生动，更有感染力。

最后，通过设置悬念，引起对方思考的同时吸引对方的注意力，让接下来想要表达的观点更有说服力。

举例来说：2006年7月12日，在瑞士洛桑的田径大赛上，中国选手刘翔备受关注。只听枪声一响，刘翔像箭一样地冲了出去，不一会儿便冲破红线，获得冠军。此时的记分牌显示——12秒88，刘翔打破了世界纪录，台下一片欢呼雀跃。

刘翔为什么能打破世界纪录呢？

原来刘翔除了私底下没日没夜地训练之外，还请了专业教练指导。因此，人生要想有巨大的成功，除了自身的努力之外，还需要专业教练的指导。

四、逻辑性

逻辑性指的是所表达的内容之间的逻辑关系，既包括框架的逻辑性，也包括所用语言的逻辑性。

（一）框架的逻辑性

前面的内容提到过在表达之前需要将表达的内容进行分类整理。但分类整理之后先讲哪一个后讲哪一个呢？这就牵涉到逻辑顺序了。常见的逻辑顺序有时间顺序、空间顺序、重要性顺序、结构性顺序等。

1. 时间顺序

就是按照时间先后的顺序分条理进行阐述。最常见的时间顺序是过去、现在、未来。这是一个非常常用也非常好用的逻辑顺序。另外，还可以按照一定的时间节点进行展开，比如2008年、2009年、2020年，这也是按照时间顺序进行分类阐述。

2. 空间顺序

就是按照地理位置的空间顺序的不同进行分类阐述。最常见的顺序是华东、华北、华南、华中。

3. 重要性顺序

就是按照重要性依次排列。最常见的顺序是第一，第二，第三；

首先，其次，再次等。

4. 结构性顺序

就是考虑内容之间的结构关联，按照沟通对象更容易接收的方式进行表达。比如"先说结论，再说原因"，"总分总"，"六何公式"以及"以上统下，一分为三"等。

（二）语言的逻辑性

常见的逻辑关系有以下几种：

1. 因果关系。指前后文在语义上存在原因与结果的关系。

2. 转折关系。指后面的语义不是顺着前面的意思，而是跟前面的意思相反，或是对前面意思的修改或补充。

3. 递进关系。指后一分句以前一分句为基点，并在程度或范围上比前一分句有更进一层的语义关系。

4. 假设关系。前一个分句假设存在或出现了某种情况，后一个分句说明由这种假设的情况产生的结果。

5. 条件关系。偏句提出一种真实或假设的条件，正句说明在这种条件下所产生的结果。

6.并列关系。词与词、短语与短语、句子与句子之间在语意上相互关联，在结构上趋于相同，在成分上地位相当的关系。

7.选择关系。前后句之间给对方以选择。

8.顺承关系。在描述一个连续的动作或事情时，常遵循一定的时间、空间或事理逻辑顺序，句子中的分句之间有前后相承的关系，或描述连续动作的词语之间有不可颠倒的前后次序。

举例如表1所示。

表1　常见的逻辑关系

类　型	关联词语	说　明	例　句
因果	因为…… 所以……	前因后果	因为我想提升人际沟通的能力，所以我想学习人际沟通的课程。
	既然…… 那么……	前因后果	既然你已经决定了，那么赶快行动吧。
	……因此……	前因后果	我决定出去闯荡一番，因此刚刚提交了辞职申请。
	由于…… 因此……	前因后果	由于天气不好，因此我打算取消本周的踏青活动。
	……以至于……	前因后果	他很生气，以至于提出了分手。
	……因为……	前果后因	小张被领导批评了，因为他工作做得非常不认真。
	之所以…… 是因为……	前果后因	我之所以生气，是因为你没有提前告诉我。
转折	虽然…… 但是……		虽然我很想帮助你，但是我真的能力有限。
	虽说…… 然而……		虽说她很美，然而我已经结婚了。

（续表）

类 型	关联词语	说 明	例 句
转折	尽管…… 但是……		尽管我很想帮助你，但是我真的无能为力。
	……却……		这个事情虽然很小，影响却很大。
	……不过……		我很想加入你们的团队，不过现在不是时候。
递进	不但…… 而且……		到学校学习不但可以学到知识和技能，而且还可以交到很多朋友。
	不仅…… 还……		小张不仅读了很多国内著作，还读了很多国外经典。
	更		我们要学习爱人、爱家，更要学习爱国。
	甚至……		教室里很安静，甚至一根针掉地上的声音都能听得很清楚。
	不但不…… 反而……		面对困难，他不但不退缩，反而迎上一步努力克服。
假设	如果…… 那么……		你如果不好好学习，那么将来一定会后悔。

（续表）

类 型	关联词语	说 明	例 句
假设	即使…… 也……		即使明天下雨，运动会也要照常进行。
	如果…… 就……		如果明天下雨，我们出去郊游的计划就泡汤了。
	哪怕…… 也……		哪怕再困难，我们也要坚持下去。
条件	只要…… 就……	充分条件	只要掌握了正确的学习方法，就一定会取得好成绩。
	只有…… 才……	必要条件	只有用心，才能把事情做好。
	无论…… 都……	排除一切	无论改变多么难，我们都要全力以赴。
	即使…… 也……	表示让步	即使是刮特大台风，也阻挡不了大家学习的脚步。
并列	……和……		我喜欢吃苹果、香蕉和火龙果。
	一边…… 一边……		孩子们一边唱歌，一边跳舞，开心极了。

（续表）

类 型	关联词语	说 明	例 句
并列	既…… 又……		我有一个既聪明又可爱的好儿子。
	一会儿…… 一会儿……		他写作业的时候一会儿吃水果，一会儿上厕所，真气人。
选择	不是…… 就是……		不是我去，就是你去。
	是…… 还是……		是你去，还是我去？
	要么…… 要么……		要么你去，要么我去。
	与其…… 不如……		与其坐而论道，不如起而行之。
	宁可…… 也不……		宁可死掉，也不投降。
顺承	首先…… 然后……		首先要把五大人性记下来，然后再在生活中灵活运用。
	一…… 就……		一看到你，我就被你的魅力深深地吸引了。
	……接着……		一阵大风刮过，接着就是电闪雷鸣。

使用不同的逻辑关系词，也叫关联词，所代表和传达的含义不同。这提醒我们在讲话的时候一定要注意正确使用关联词。看起来大体相同的文字内容，会因为关联词的不同而表达出不同的意思。

举例来说：

你有很多的优点，虽然缺点不少。（表示肯定）

你有很多的优点，但是缺点不少。（表示批评）

你有很多的优点，同时缺点不少。（表示接纳）

因为我们共同努力，所以竞赛取得胜利。（表示说明）

如果我们共同努力，竞赛就能取得胜利。（表示假设）

只要我们共同努力，竞赛就能取得胜利。（表示激励）

五、易懂性

在沟通时若想要快速地将自己的内容传达给对方，除了拥有清晰的表达思路以外，能否让对方"听懂"也是非常关键的问题。

●（一）使用对方听得懂的语言

有一个秀才去买柴，他对卖柴的人说："荷薪者过来！"卖柴的人听不懂"荷薪者"（担柴的人）三个字，但是听得懂"过来"两个字，于是把柴担到秀才前面。秀才问他："其价几何？"卖柴的人听不太懂这句话，但是听得懂"价"，于是就告诉秀才价钱。秀才接着说："外实而内虚，烟多而焰少，请损之。（你的木材外表是干的，里头却是湿的，燃烧起来，会烟多而焰小，请减些价钱吧。）"卖柴的人因为听不懂秀才的话，于是担着柴就走了。

从上面的小故事可以看出，我们在沟通时必须站在对方的立场，选用对方能听懂的词汇，运用对方能听懂的表达方式进行表达。

表达的易懂性在和孩子的沟通中也非常重要。

记得有一次，我给孩子读卡梅拉的故事书。因为里面有太多的"他"和"她"，孩子总是问我："他是谁？"

刚开始我还会很有耐心地停下来给他解释，但是发现这样特别费事。后来我发现直接用人物替代"他"或"她"，孩子就再也不问我了。这就是站在对方的立场，使用对方能听得懂的语言带来的效果。

●（二）打比方

记得有一次我生病住院，同房间的一个阿姨怎么都不愿意吃鸡蛋、肉类等高蛋白的食物。无论她的儿女们在一旁软硬兼施都毫无效果，只能急得打转。

这时候，有一个护士走过来后非常亲切地对阿姨说："阿姨，您知道房子是怎么建起来的吗？"

阿姨一听这个问题这么简单，于是很开心地说："我当然知道啦，用钢筋、水泥和砖头呗。"

护士听了后开心地回答道："对呀，咱们伤口的愈合就像盖房子一样，需要建筑材料。可这些'建筑材料'是从哪里来的呢？绝大部分是从食物中摄取的，现在您的情况就需要在饮食中增加鱼、肉、蛋的比例，来提供这些'建筑材料'，这样伤口才能快速愈合，您才能尽快出院呀！"阿姨听完，立马端起桌上的肉就吃了起来。

这就是打比方带来的效果。正是因为这位护士将这些高蛋白食物比作帮助身体恢复的"建筑材料"，为了自己能早些好起来，阿姨自然不会抗拒这些食物了。

这还让我想起了我与老师之间的一个故事。

曾经有一段时间，我觉得自己的学习进度很慢，一直没有突破。于是我就去咨询我的老师，期待能得到一些指导和建议。

本以为老师会让我学习一些高效学习的方法，提高学习的效率。没想到老师却问我："你见过竹子吗？"

我一下子蒙了，从小生长在北方的我从来没有见过竹子，只在电视和书本中见到过。看到我一脸茫然，老师接着说道："竹子在生长的前四年，速度非常缓慢，一共才长了几厘米。但从第五年开始，它以每天30～40厘米的速度疯狂地生长。仅仅用六周的时间，就能长到了15米高。其实，在前四年，竹子将根在土壤里延伸了数百米。你现在的这个过程，就像竹子一样，你不是在生长，而是在扎根。"

听完这句话，我深受启迪。因为老师用打比方的方法把生涩的道理讲得非常生动，我听起来就非常容易理解和接受。

● （三）形象化

形象化，也叫具体化，就是用画面般的语言详细、具体地把抽象的词语表达出来。

当我们想要表达一个抽象概念的时候，可以通过一些具体细节的展开来形象化地描述，充分表达出我们的感官感受，比如看到什么、听到什么、嗅到什么、什么味道以及什么感觉。

比如我们想表达"请大家过马路注意安全"时，可以换成"请大家过马路的时候走斑马线"；"苏州最近的天气真糟糕呀"可以换成"苏州最近的天气真糟糕呀，挡风玻璃上一层灰，拿布用力擦都擦不掉"；"你做的炸酱面真好吃呀"也可以换成"你做的炸酱面真好吃呀，肉丁已经完全浸透了酱香，闻起来让人口水直流，想要连吃三碗"。当你将自己的感受具象化地表达出来的时候，才能让对方有更直观的感受。

《红楼梦》里有一个片段，"贾母这边说声'请'，刘姥姥便站起身来，高声说道：'老刘，老刘，食量大如牛：吃个老母猪，不抬头！'说完，却鼓着腮帮子，两眼直视，一声不语。众人先还发怔，后来一想，上上下下都一齐哈哈大笑起来。"这就是刘姥姥生动表达的效果。她用打比方的方法把自己的食量比作牛的食量，同时又用"吃个老母猪，不抬头"这样的细节描写形象地展示给了大家一个画面，再加上戏剧化的面部表情，想让大家不笑都难了。

还记得飞机着陆前空乘人员一般会告知乘客的话语吗？

"为了您的安全，请您系好安全带，直到飞机完全停下为止。"听完这样的表达，您一定会觉得很平常，并且索然无味地系上安全带。

但作家米罗·弗兰克在《如何在30秒内说出关键点》中讲述了这样的一个故事。在一次乘机过程中，一个空乘人员在飞机着陆前说道："为了避免您出现跌倒在过道儿上的尴尬，请您系好安全带，直到飞机完全停下为止。"话音刚落，乘客们都笑了，并且开心地系上了安全带。这就是形象化表达带来的效果。

● （四）声情并茂

语气语调变化的本质上是内在情绪变化的外在表现。如果表达者的内在情绪没有变化，外在语音语调的变化是空洞的、做作的、毫无感染力的。

这也犹如影视明星如果想拍出好的作品，必须流露真情实感。因此，我们要打开我们的感受细胞，把内在的感受通过情绪表达出来。通过情绪、情感的变化让声音如音乐一般呈现高低起伏、抑扬顿挫的变化，从而生动地呈现我们所要表达的观点和想法。

● （五）动作表情

在沟通的过程当中，肢体语言也随时随地在向对方传达着信息。因此，适当的肢体动作可以帮助我们表达得更准确，更生动。

很多朋友一听到肢体动作就觉得很难。其实，你只要想着用手、胳膊去比画想表达的内容就好了。

肢体动作没有标准的操作方法，只要自己觉得顺手、准确，能够让对方看明白就可以了。当然，有一些简单的常规的手势动作我们也要了解一些。

比如，不同的伸展方式表示一到十的不同数字；大拇指和小拇指同时展开放到耳边表示打电话；两只手放到胸前摇摆表示绝对不行；单手握拳向下拉表示加油等。

▍六、直接性

有一天，当我伏在案边认真敲打文字的时候，后面突然伸出一只手。我猛然回头一看，是我先生从背后走了过来。

只听他冷冷地说："写书是需要灵感的，不是你坐在这里就写得出来的。"可当时的我正文思泉涌，键盘敲个不停。我很不解，便回答说："我现在文思泉涌。"他却抱怨地说："我好不容易休息一天，你说你！哎，算了。"说完，便走开了。只剩下一脸茫然的我，在纳闷地寻思，他到底希望我做什么。

在先生的表述中，我已经了解到他想让我暂时停下写作。可他究竟希望我停下后做什么却不明确。是去陪孩子玩一会儿，让他有更多独处的时间？还是希望我能陪他一起聊聊天说说话？抑或者一起收拾下家务？

其实，我先生的这种表达方式是很多人常常都会犯的错误。也就是告诉了别人不要怎样，却没有告诉别人要怎样。

比如，妈妈经常会对孩子说"别玩手机啦！"却没有告诉孩子，不要玩手机可以干什么；老师经常会对学生说"不要说话啦！"却没有告诉孩子不说话应该干什么；奶奶可能会对刚会跑的小孙子说"别跑那么快"，却没有告诉孩子可以怎么做。

这些其实是错误的语言表达习惯，我们习惯性地告诉他人不要做什么，而不是要做什么。

事实上，当我们希望别人不做什么事情的时候，对方还是不知道应该做什么。因此，我们要修正表达习惯，直接告诉对方希望他做什么，而不是不希望他做什么，这叫作直接表达。毕竟，只有我们直接地说出希望对方做的事情，对方才可能清晰地接收到我们的信息，了解我们的需求，从而满足我们的需求。

这让我想起了很多年前流行的一首歌曲——《女孩的心思你别猜》，歌词中有一句写道："你猜来猜去也猜不明白。"因此，还是请男孩、女孩们都勇敢些，直接向对方表达自己的想法吧。

第 2 节 ｜ 表达心法

　　从前有一把结实的大锁挂在铁门上，一根铁杆费了九牛二虎之力，还是无法将它撬开。这时钥匙走了过来，它用瘦小的身子钻进锁孔，只轻轻一转，大锁就"啪"的一声打开了。

　　铁杆奇怪地问："为什么我费了那么大的力气都打不开，而你却轻而易举地就打开了呢？"

　　钥匙说："因为我最了解它的心。"

　　所谓表达心法，就是让对方愿意听，并且愿意进一步沟通，从而达成共识的一些基本的沟通前提。

　　沟通是在人与人之间进行的信息交互活动。而人是感性的，人的想法和行为是受情感支配的，一旦沟通双方情绪出现问题，就会影响沟通的效果。

　　因此，为了保证沟通效率，达成沟通目标，我们必须顾及对方的情绪，考虑对方的感受，让对方觉得是安全的、放松的。要做到这一点，就必须了解人性，也就是人在什么情况下会感觉到安全、放松，会愿意继续进一步沟通。

　　说到"安全"，就必须提到美国著名社会心理学家亚伯拉罕·马斯洛的需求层次理论。该需求层次理论将人的需求从下到上分为五个层次，分别是生理需求、安全需求、归属需求、尊重需求和自我实现需求，并指出人的需求大部分是按照从下往上来产生的。

马斯洛需求层次图

　　从这个理论中，我们可以看出，一个生理需求无法得到满足的人是不会去考虑自己是否安全的；而一个无法满足安全需求的人是不会考虑是否有归属感的。

　　沟通本身就属于社交行为，因此我们如果想要和对方进行沟通，就必须让对方感到安全，那这份安全感来自哪里呢？

　　在回答这个问题之前，我们先回看下远古时代我们的祖先是怎样生活的。

　　那时候，我们的祖先因为跑不过狮子、打不过老虎、斗不过豺狼，每一天都面临着生死未卜的情形，活下来是他们每天的首要目标，也是唯一目标。因此，他们必须时刻保护好自己，保证自己的安全，也就是让自己拥有所谓的安全感。如何才能让自己感到安全呢？我们的祖先发现，首先，是不去豺狼虎豹经常出没的地方；其次，就是归属于某个群体，过群体生活，遇到危险时通过集体的智慧躲过危机，存活下来。慢慢地，群体演变成部落，人类开始以部落的形式生活。靠着这种生活方式，他们大大减少了死亡的概率，获得了更多的安全感。可是，一旦被这个部落驱逐，便意味着失去了安全的保障，随时有可能被豺狼虎豹吃掉，丧失生命。因此，为了活下来，人必须让自己归属于某一个部落，并且发挥自己的作用，让自己在这个部落当中有价值，从而有保障而不会被驱逐，也不会面临死亡。

　　个体心理学的鼻祖阿德勒在他的著作写道："每一个人活着都在追求归属感和价值感"，原因就是如此。回看人类的发展简史，我们就会发现，只有拥有了归属感和价值感，才能够拥有最根本的安全感，才能更好地生存在这个世界上。

时过境迁，如今的我们已经不用担心出门就会被豺狼虎豹吃掉了，可是这份对安全感的渴求一直深深地停留在我们的潜意识里面，随着文化基因的遗传，成为我们集体潜意识的一部分，让我们渴望得到归属感和价值感。虽然我们毫无察觉，但这份对安全感的渴求，也就是对归属感和价值感的渴求却一直默默地、深深地影响着我们的社会交往和人际关系。

为什么我们在被同学、朋友孤立的时候会那么难过？为什么我们在难过的时候特别需要他人的理解？这，都是我们内心对归属感的那份渴求在默默地起着作用。

为什么一个三岁的孩子会因为自己可以扣扣子而开心得蹦来蹦去？为什么一个初中的孩子会因为老师表扬了他的作文而开心得手舞足蹈？为什么一个成年人会为了领导的一句肯定而动力十足？为什么一个老年人会因为孩子的需要而青春焕发，体力十足？这些都是对价值感的渴求在默默地起着作用。

因此，在沟通过程中如何给予对方安全感和价值感，如何构建安全的沟通氛围，让对方轻松地跟我们继续互动呢？以下是一些基本的心法和对应的心法策略，希望对大家有所帮助。

一、表达的心法基础

（一）和善热情

　　人的潜意识里都在追求安全感，特别是身边的人能否给自己带来安全。显而易见，一个面带微笑与和善亲切的人更容易使我们产生安全的感觉。因此，有效传达的心法之一就是要给人和善热情的感觉！这符合人的五大精神需求之一：喜欢和善热情，不希望被拒绝伤害。

　　《红楼梦》里刘姥姥进大观园的场景很容易令读者印象深刻。

　　虽然衣衫褴褛，很不招人待见，特别是与大户人家贾府，更是格格不入，但刘姥姥每一次进大观园都能够满载而归。凭什么？凭的就是她的沟通智慧，而这智慧中最重要的一条就是"热情"。没有那张满脸皱纹却挤满微笑的脸庞所散发的热情，刘姥姥可能连荣国府的大门都进不去。

　　经常有很多人咨询我，说："老师我挺热情的，就是有点慢热。"每每听到这样的问题，我都会反问一句："对方知道吗？"

　　沟通的结果取决于对方的反馈，如果我们自认为内心很热情，但如果对方不这么认为，那我们的热情对于沟通的展开又有什么意义呢？

　　因此，一定要刻意练习，给对方和善热情的感觉。

　　那么，该怎么做呢？

1. 面带微笑

微笑是世界上通用的语言，可以给他人友好的感觉。想到微笑，你可能想到了嘴角上扬。可是，如果内心不快乐、不阳光，即使嘴角上扬也会给人皮笑肉不笑的尴尬感觉。

因此，我们最重要的是要拥有良好的心态，用积极正向的思维看待身边一切的人、事、物，用发现美的眼睛去看到生活当中人、事、物的美好，这样才能由内而外地散发出有感染力的迷人微笑，让他人愿意和我们深入沟通下去。

2. 声音上扬

注意要讲的内容。因为讲话的内容不同，表达的情感就不同，沟通的结果也会不同。

但是人往往容易忽略一个问题：即使是同样的文字内容，不同的语气语调也可以传递出不同的情感。

比如，同样是"你好"两个字，如果你声音平平，短促地说了一句"你好"，可能会给他人一种敷衍、并不是很想认识对方的感觉；相反，如果你声音上扬，拉长音地说一句"你——好"，给人传递的就是非常热情的、很高兴认识对方的感觉。

声音给人的感觉是通过潜意识传递的，声音向下走传递的是严厉和批评，向上走传递的是友好和关怀。因此，讲话的时候适当地让声音上扬，可以给人传递出热情的感觉。

● （二）尊重认同

人的五大精神需求之二：喜欢尊重认同，不喜欢被贬低反对。

你有过这样的经历吗？

当和朋友聊天的时候，只要对方指出你的问题，你就会立马否定或辩解。即使对方说的是对的，你也会想方设法进行解释，不肯承认自己的错误，同时还会感到不开心、不舒服。

这是为什么呢？因为你被否定了。

被否定意味着没有价值感，在我们的潜意识里就意味着被驱逐，被驱逐就意味着"死亡"。因此，出于自我保护的本能，我们就会感到不开心、不舒服，甚至反驳对方。

有一次，一位学员表示，自己想来学习下如何跟闺蜜相处。原因是她觉得自己对闺蜜特别好，什么都和对方分享，什么都为对方着想，可对方竟然不领情，这让自己很郁闷，感觉好心被当成了驴肝肺。

细问之后才发现，她经常用批评指责的语气跟对方说话，但内心是真的"为她好"。这位学员正是我们传说中的"刀子嘴豆腐心"的一类人。

当我们以"刀子嘴豆腐心"的状态去对待他人的时候，对方是想要我们的"豆腐"，还是想要我们的"刀子"？答案肯定是"豆腐"，但是当我们给了对方"豆腐"的同时，又给了对方一"刀子"，这样对方能好受吗？

因此，即便出发点是好的、想法是好的，也一定要在说之前顾及对方的感受，而不是想怎么说就怎么说。有时候，即使我们的初心是好的，一旦表达的方式不对，对方也会因为感觉不舒服而远离我们。

类似的情况在我们的生活中很常见。比如，有的领导是真的希望下属好，可是说出来的话就是让下属觉得自己被挑剔、被不满、被排斥，内心感觉非常煎熬。时间长了，不但每天心情很压抑，工作也做不好，最终还会选择离开；有的父母很爱自己的孩子（特别是对青春期的孩子），生怕孩子变坏，于是各种盯梢、挑剔、指责，让正在寻求精神独立和人格尊重的孩子无法承受。时间长了，要么关闭心门，闭口不谈；要么沉迷游戏，逃离现实，极端的甚至还会选择离家出走。有些朋友很爱自己的爱人，希望他好，于是各种批评和指责，企图用这种方式去唤醒对方，令对方改变。殊不知，正如美国成功素质教育专家戴尔·卡耐基先生所说，批评就像家鸽，飞出去的总会飞回来。于是整个家里，家鸽乱飞，乱七八糟。

人与人之间的相处只有爱是不行的，还要学会给予对方尊重和认同。

那应该怎么做呢？

那就是不批评、不指责、不抱怨。这是人际沟通的基本原则，也是人与人相处最基本的雷区，一定不能踩。一旦踩了，人与人之间的关系就会变得疏远，沟通目标的达成也会更加困难。

我们生活在这个纷繁复杂的世界中，每天都可能会有各种各样负面的情绪。我们要努力做到尽量少地去批评、指责和抱怨。也许刚开始一天要批评、指责和抱怨五六次，慢慢地可以变成一两次，再慢慢地变成三天一次，五天一次，一个月一次，一年一次……

但说得容易，又要如何做呢？下面我为大家总结了避免批评、指责和抱怨的方法，希望对大家有所帮助。

1. 知觉检核，避免误会

人与动物最大的区别就是人有思维，可以赋予事情以意义。当看到一个现象的时候，我们会启动大脑去思考：这个现象为什么会出现？发生的原因是什么？

我们会想当然地认为自己思考的结果是对的，但事实真的如此吗？

《吕氏春秋•审分览第五•任数》中记载了这样的一个故事。有次孔子受困在陈蔡两国之间的地区，连续七天没有尝过米饭的滋味。一天中午，他的弟子颜回讨来一些米煮稀饭。饭快要熟的时候，孔子看见颜回居然用手抓取锅中的饭吃。孔子故意装作没有看见，等颜回进来请孔子吃饭时，孔子站起来说："刚刚梦见我的祖先，我自己先吃干净的饭然后才给他们吃。"颜回一听，连忙解释说："夫子误会了，刚才我是因看见有煤灰掉到锅中，所以把弄脏的饭粒拿起来吃了。"孔子叹息道："人自己所相信的，是自己眼睛所看到的；所依仗的是自己的心，但是心也有不可靠的时候。

我们经常会听到一句话，"耳听为虚，眼见为实。"但是大家仔细想一想，耳听就一定为虚吗？眼见就一定为实吗？好像未必。

记得我怀孕的时候，经常能在小区里、商场里看到很多孕妇。等我的宝宝出生了，我又经常在小区里、商场里看到很多小宝宝。难道真的就是跟我一起怀孕的人很多，身边的宝宝突然增多了吗？当然不是，只是我把更多的焦点放在了孕妇和宝宝身上。从而总结出了一个主观认知，那就是"和我一起怀孕的人很多，身边的宝宝很多。"

因此，眼见不一定为实。我们是使用主观认知塑造自己的世界，而不是感官经验。这是NLP（Neuro-Linguistic Programming，神经语言程序学）里面一条非常重要的前提假设。因此，如果我们想当然地用自己的认知解读别人的语言和行为，就有可能产生误会。

由于误会而造成批评的现象在生活当中是非常常见的，怎样尽可能地避免误会，从而减少对别人的批评和指责呢？

分享一个"零误解沟通"的方法：陈述事实＋询问核对。其目的是知觉检核，避免误会。

举例来说，我在讲课的时候，经常会发现有个别学员在看手机。如果我想当然地认为他们不喜欢听我的课，才一直玩手机的话，那么我难免会生气，对他们产生负面印象，严重的话有可能会批评他们。但是，仔细想想，他们看手机有没有可能是出于其他的原因呢？

比如有紧急重要的事情要处理，或者是在用手机上的笔记本做笔记。此时我只有询问核实才能找到真正的原因，从而避免误会。

在工作和生活当中，听到一些话之前不要想当然地认为对方是在针对自己，很有可能是误会。比如：对方把门关得狠了一点，有可能是因为风太大形成了对流，或者不小心没有把握关门的力度；我们在和对方打招呼的时候，对方没有给予热情的回应，有可能是对方没有看到，或者正在忙着其他的事情没有顾上，或是有其他不开心的事情发生导致近期情绪比较低落……总之，原因可能有很多种，而真正的原因只有当事人自己知道。因此，只有找对方问清楚，才能知道真实的原因，从而避免误会的发生。

有位学员曾和我们分享了她使用"零误解沟通"的方法与两个月没有讲话的同事和解的故事。

两个月前，她有几次热情地和坐在办公桌对面的同事打招呼，对方都很冷漠，并没有像以前一样积极地回应。几次之后，她便觉得对方对自己有意见才会如此。心想，你不理我，我也不理你，谁在意谁呀。从此，她再也不跟这位同事打招呼了。

但学了这个"零误解沟通"的方法后，她很快和这位同事解开了误会。她主动问对方，为什么最近几次自己和对方打招呼时对方总是很冷淡，想知道是不是自己说错了什么或做错了什么惹对方生气了。后来对方告诉她，因为家里人去世了受到了特别大的打击，对任何人和事物都失去了热情，对她并没有任何意见。听到这些，她的心结也终于解开了。

因此，让我们一起多用"零误解沟通"的方法进行沟通吧，避免误会，也避免更多的批评和指责。

2. 管理好情绪，避免借机发泄

试想一下，假如你今天心情特别好，在坐地铁的时候又被人不小心踩了一脚，那么你会有什么反应呢？

也许大部分人会很轻松地回一句"没关系"。但是如果你今天心情很糟呢？你恐怕会很不耐烦地说"怎么不看着点啊""怎么回事啊你"等。

这就是不同情绪状态下对同一件事情的不同反应。为什么会这样呢？

因为情绪会产生能量，而能量是守恒的，不会凭空消失。因此，情绪就有了迁移的属性，也就有了心理学上著名的"踢猫效应"。

何谓"踢猫效应"？

假设一个成年男人在办公室里被老板骂了，心情一定特别糟糕，可是又不能朝老板发泄，于是就只能忍着。等他回到家里，看到孩子在看电视，就可能会把孩子臭骂一顿。孩子被骂了自然也很生气，可是又不能向爸爸发泄，于是就只能忍着。忽然起身看到脚下的猫正趴在地上挡住了自己的去路，于是就狠狠地踢了猫一脚。这就是心理学上讲的"踢猫效应"。你说，这猫招谁惹谁了？莫名其妙地被踢了一脚。

事实上，整个过程就是一个坏情绪引起的负能量传递的过程。在心理学上，情绪本身没有好坏，每一种情绪都有其相应的价值和存在的意义。比如，愤怒给人力量、恐惧给人保护等。这里所讲的"坏情绪"指的是让人感觉不舒服的、引发一系列不良反应的情绪。

情绪除了具有可迁移的属性，还具有可积累的属性。一旦情绪被刻意地压抑，能量得不到有效的释放，这些能量就会在身体里面累积起来，等待着合适的时机找到出口发泄出来。

我们身体里面积累了情绪能量的隐形部分，可以将其形象地比喻成"情绪垃圾桶"，装满了我们所有负面情绪所产生的负能量。一旦这个"垃圾桶"装满了，装不下多余的负能量了，我们就再也压抑不住自己的情绪，狂风暴雨般地爆发出来，出现所谓的"不在沉默中爆发，就在沉默中灭亡"的现象。

在各种新闻报道中，我们经常会看到因为一言不合而大打出手的、因为一件小事大动干戈的报道，这都是因为"情绪垃圾桶"已满，负能量无处释放，致使"垃圾桶"被撑破，全部的负能量集体发泄出来产生的结果。

如何避免因坏情绪产生的负能量塞满而导致的"喷发"呢？那就是要及时清理自己的"情绪垃圾桶"，保持"情绪垃圾桶"永远是清空或者少量情绪垃圾的状态。

那么该如何清空呢？

（1）动能释放

既然情绪产生能量，而能量是可以转化的，就可以把多余的能量通过转化为其他能量形式而释放掉，这就是：动能释放。

我们可以通过跑步、健身或者做家务的形式让身体动起来，将身体内的负能量转换成动能释放掉。

为什么人在极端情绪下容易动手或者摔打东西？

因为打完了、摔完了，心里就舒服了。这虽然是动能释放转化了身体内的负能量，但这种释放方式会破坏人际关系和周围的事物，因此是不正确的释放方式。

我们要通过正确的释放方式来释放，比如跑步、拳击、擦桌子、洗衣服、拖地等。当你感觉很生气、很想打人的时候，可以迅速跑到楼下跑两圈，或者离开现场空打几拳，让自己的能量释放出来，感觉就会舒服很多。

（2）声能释放

为什么人在极端情绪下容易大吼大叫？

这其实就是在通过声能的形式释放身体内负情绪所产生的能量。当然这种形式也不是随时都能使用的，因为用不好不但会引起对方的反抗和回击，破坏人际关系，也不利于沟通目标的达成。

在生活当中可以采用哪些恰当的声能释放方式呢？唱歌或在无人的空间放声大喊等都是可以的。说到唱歌，你一定想到了KTV。仔细回想一下，在KTV里大家常点的都是超高音歌曲，例如《死了都要爱》《青藏高原》等。普通人唱高音时大多需要耗费较多的体力，这时大家通过声能释放了能量，第二天去上班时就能感觉特别轻松。

（3）语言能释放

你知道吗？语言也是有能量的。

日本作家江本胜在《水知道答案》一书中曾写道："原来，使用不同的语言，可以让负担感受不同的能量。"

说到这了，你也就明白为什么人们在生气的时候、愤怒的时候容易骂人、爆粗口了吧？其实就是通过语言的能量在释放自己的情绪能量。只不过这种方式也是不正确的，因为会伤害到别人的自尊，同时伤害人际关系。

那我们可以怎么做呢？

向人倾诉、写日记、写微博等都是不错的办法。向人倾诉可以让我们把想法、感受说出来；写日记、写微博可以让我们把自己的想法和感受通过文字写出来。这些都是将情绪能量通过转换成语言能的形式释放。

如果情绪能量不能及时地通过动能、声能或者语言能的形式释放出来，这些能量就会"集聚"在我们的身体内，很有可能扰乱我们的内分泌系统，使得身体出现各种各样的疾病。

哈佛大学曾经做过一项关于人类健康长寿影响因素的研究项目，结果显示：最能影响人类健康和寿命的因素不是我们传统上认为的睡眠、饮食和运动，而是情绪。

因此，为了拥有高效的沟通与和谐的人际关系，也为了身体的健康，我们都要学会积极主动地释放体内的情绪，让自己平静和谐、身心健康。

值得强调的是，即使我们经常清理自己的"情绪垃圾桶"，让自己的情绪状态时刻保持在高能量的状态，在情绪来临的当下，我们也依然可能被情绪带偏，从而丧失理性，说出一些冲动的话语或做出一些冲动的举动。这时候，我们可以做些什么呢？

a. 离开现场。这是最简单的不让矛盾冲突升级的方法。

b. 做几个深长的呼吸。

c. 让自己坐下来。

d. 喝杯水转移焦点。

综上所述，各种不同释放方式的做法如表2所示。

表2　各种不同释放方式的做法

释放方式	错误方式	正确方式
动能释放	打人、摔东西	运动、做家务
声能释放	大吼大叫	去KTV唱歌、在无人空间大喊
语言能释放	骂人、爆粗口	向人倾诉、写微博、写日志

3. 树立正心态，理解并感恩

心态就是我们对待这个世界上人与事物的态度，是我们的整个信念系统对外在事物整体态度的体现。

那些有利于我们在生活中感受到更多幸福和快乐的心态，我把它们称为正心态；相反，那些不利于我们在生活中感受到更多幸福和快乐的心态，我把它们称为负心态。常见的负心态包括受害者心态和我对你错的心态。

（1）受害者心态

受害者心态总会聚焦于自己失去的东西，认为别人伤害了自己，因而会沮丧、难过，同时讨厌、憎恨那个施害者，因此会产生大量的负面情绪和能量。

（2）我对你错的心态

在这种心态下，我们会把所有的问题归咎于对方，认为都是对方的原因才导致了这样的结果，因此非常容易批评指责对方，从而导致出现大量的负面情绪和能量。

以上心态都无法让我们感受到幸福和快乐，容易批评、指责和抱怨。我们应该树立正心态，正心态包括感恩心态和理解心态。

（1）感恩心态

感恩心态完全与受害者心态相反，它使我们把焦点放在已经得到的东西上面，因而会感到开心、喜悦，同时感谢、喜欢那个给我们帮助和支持的人。一旦感恩，我们就不会去批评和指责了。

例如，都说婆媳难相处，在我最初成为儿媳妇的时候，我也是这么认为的。生活习惯的不同、认知角度的不同，让我很容易就想去抱怨和指责。可是，有一次，在我连续出差两周回到家后，看到家里依然跟离开时一样整洁有序，孩子还是依然开心快乐地在玩耍的时候，我内心立即升起一股强烈的感恩之情。内心无比感谢婆婆在我不在家的日子里，把家照顾得这么好，把孩子照顾得这么好。从那以后，我再也没有抱怨过婆婆，因为如果没有她帮忙，我怎么可能安心地去全国各地讲课呢？

（2）理解心态

"我就搞不懂""我就不明白""我就想不通"等词语经常在抱怨者和批评者的嘴里出现，因为他们认为别人也应该跟他们想的一样，做的一样。可事实上，这个世界上没有完全相同的两个人，就如同没有完全相同的两片树叶。由于每个人成长经历的不同，经验阅历的不同，导致每个人都有自己的一套信念价值系统。因此，即使对待同样的人、事、物，不同的人也会有完全不同的感受、态度和想法。此外，每一个人的信念价值系统又都是为自己服务的，也就是说，无论他的信念价值系统如何影响他做决定，出于生存本能，他都会做出对自己最有利的选择。因此，每个人在每个当下都会做出对他来讲最好的选择，即趋利避害、趋乐避苦。我们看不惯、我们不理解是很正常的，因为我们不是他。曾经有一句在网络上非常流行的话，"不要去轻易评价别人，因为他的人生你没有经历过。"抱有理解的心态，我们会惊讶地发现，没有什么值得我们去批评、指责和抱怨了。

记得有一位学员跟我诉苦："老师，我理解不了。"看着她沮丧的表情，我知道她一定发生了什么，于是我问她是否愿意分享。她说她的女儿竟然离家出走，她理解不了，觉得自己对女儿那么好，那么爱女儿，为什么她要离家出走呢？后来我问这位妈妈："离家出走一定会面临很多的痛苦，对吗？如果待在家里的痛苦大于离家出走的痛苦，我们自己会选择哪一个？是的，孩子也一样。因为每一个人都会在每个当下做出对自己来讲最好的选择，那就是趋利避害、趋乐避苦。现在要思考的是我们究竟做了什么让孩子感觉待在家里竟如此痛苦。"一时间，这位妈妈的眼泪夺眶而出。多一分理解的心态，我们不但不会去批评指责对方，还会看到对方的需求和渴望，从而满足对方，更好地维持好彼此之间的关系。

4. 谨慎建议，避免显摆

所谓显摆，就是通过指出他人的问题来显示自己的优越感，这会给人非常不舒服的感觉。而显示者本人可能并没有觉察，因为他是以

"好心""乐于助人"为包装的。比如,办公室里来了新同事,老同事们就喜欢告诉他,这个不对,那个不对,这个应该这样做,那个应该那样做。为什么?这其实就是通过指出别人的问题来显示自己的职场资格,倚老卖老。

有时候,我们是真心想要帮助别人,可仍然会给别人显摆的感觉,这时候,往往会吃力不讨好。

有人给我讲过他的一个亲身经历的尴尬事。"有一次,我被邀请去参加一个沙龙。因为主讲老师非常有才华,我很欣赏他,很希望跟他成为朋友,于是,我非常认真地听他讲课,并且记录下来可以提升的点,在沙龙结束之后发给了他。因为这些建议对他真的很有帮助,我以为他会感激我,事实证明,他反而疏远了我。也许在我看来,我是在帮助他,可是,对方却感觉我是在显摆。"

前面我们讲沟通的特点的时候,讲过对方决定性,因此,我们的想法是怎么样的并不重要,重要的是对方的感受是怎么样的。

因此,切记不要盲目建议,在别人不需要的情况下,我们的建议很容易在别人眼里成为显摆,或者挑剔。如果真的想要通过提建议给对方一些帮助,可以在提出建议之前,征询下对方的同意。比如,"我有一个小小的建议,不知道你想不想听一下?"这句话的作用如同古代的大臣在给皇上进谏的时候常说的那句"臣有一言,不知当讲不当讲"。当皇帝回答"但说无妨,恕你无罪"的时候,想进谏的大臣就可以大胆地进谏了。它的作用是给对方打一个预防针，告知对方我们接下来可能会提出一些建议，对方听到后可能会不舒服。同时，因为是得到对方的允许我们才说的，对方也不会觉得我们是在显摆和挑剔。

5. 放宽标准，宽容大度

拿破仑在长期的军旅生涯中养成了宽容他人的美德。作为全军统帅，批评士兵的事时有发生，但每次他都不是盛气凌人的，而是能很好地照顾士兵的情绪。士兵往往对他的批评欣然接受，而且充满了对他的热爱与感激之情，这大大增强了他的军队的战斗力和凝聚力，成为欧洲大陆一支劲旅。

在征服意大利的一次战斗中，士兵们都很辛苦。拿破仑夜间巡岗查哨。在巡岗过程中，他发现一名巡岗士兵倚着大树睡着了。他没有喊醒士兵，而是拿起枪替他站起了岗。大约过了半小时，哨兵从沉睡中醒来，他认出了自己的最高统帅，十分惶恐。

拿破仑却不恼怒，他和蔼地对哨兵说："朋友，这是你的枪，你们艰苦作战，又走了那么长的路，你打瞌睡是可以被谅解和宽容的，但是目前，一时的疏忽就可能断送全军。我正好不困，就替你站了一会儿岗，下次一定要小心。"

拿破仑没有破口大骂，没有大声训斥，没有摆出元帅的架子，而是语重心长、和风细雨地批评士兵的错误。有这样大度的元帅，士兵怎能不英勇作战呢？如果拿破仑不宽容士兵，那只能增加士兵的反抗意识，他本人在士兵中丧失威信，从而削弱军队的战斗力。

毕加索是西班牙著名画家，在他活着时，他的画就很值钱，这引来很多人冒充他作假画赚钱，毕加索看到了，却从不追究。他说："冒充我作假画的不是老朋友就是穷画家。我是西班牙人，不能和老朋友过不去，另外，穷画家的日子也不好过，还有鉴别真假画的专家们也要吃饭，我的假画让这么多人有饭吃，而对我也没有什么大的影响，我为什么要追究呢？"这一方面反映了毕加索的胸怀能包容别人，另一方面说明了毕加索的智慧，如果他去打假，就没有心思安心绘画了。

可见，宽容既是一种美德，也是一种智慧。批评别人就是和自己过不去，宽恕别人就是宽恕自己。

6. 提升觉察，避免习惯

如果我在白板上写下这些算式：2+4=6，3+1=4，1+5=6，5+2=7，4+5=8，5+3=8。你发现了什么吗？

你一定想说我写错了一个算式，4+5不等于8，等于9。

我确实写错了一个算式，但我也写对了5个算式呀，你怎么没有特别想告诉我呢？

这就是习惯性批评，是我们潜意识层面非常容易出现的一种思维。为什么人的潜意识更倾向于挑毛病、找问题呢？结合前面讲到的阿德勒的归属感和价值感理论不难理解，人因为追求价值感，所以潜意识里渴望证明自己，而恰恰是因为潜意识里渴望证明自己，所以总会自觉不地指出别人的问题，挑出别人的毛病，从而彰显自己的优秀。

因此，在生活中，要多觉察自己的语言，避免潜意识层面的习惯性批评。

7. 反观自己，勇于揽过

说起"揽过"，我曾经看到这样的一个故事，让我特别感动。

有两户人家，依山傍水，比邻而居。两家的家庭人员结构非常相似，都是由公公、婆婆、小姑子，还有夫妻俩组成。其中一家每天都会争吵，经常是大吵小吵，争吵不断；而另外一家却和睦友好，从不吵架，并且被评为全村的"和谐家庭"。

有一天，经常吵架的这个家庭的小姑子决定去这个"和谐家庭"串串门、取取经。她刚一进门，就发现这个"和谐家庭"里的小姑子一脚就把地上的热水瓶踢破了，正在这个时候，他们家的公公立刻跑了出来，说道："哎呀，你没事吧？

都是我不好，不应该把水瓶放到地上，如果我用完之后把它放到桌子上，你就不会踢到了。"话音刚落，他们家的婆婆就拿着绣花针出来了，赶忙说道："哎呀，你没事吧？都是我不好，不应该催促你的，如果我不催促你帮我拿东西，你也不会把热水瓶踢破。"这时候，他们家的儿媳妇也跑了出来，赶忙关切地说道："你没事吧？唉，都是我不好，不应该买这个塑料外壳的热水瓶，如果我买个不锈钢外壳的，你就不会踢破了。"

听完这些话，这个来取经的小姑子恍然大悟。原来，在这个"和谐家庭"里，一件事情发生后，所有人都在自己的身上找原因，把过错揽在自己身上，而不是一味地指责别人。

虽然基于人性的特点，我们要避免一切的批评、指责和抱怨。可是，在工作生活中我们会发现，当下属工作做得不到位的时候、当孩子把事情做得很糟糕的时候、当爱人曲解了我们的意思的时候，我们又不得不指出他们的问题，让他们做出改变。这时候，我们需要的是用正确的方法引导他们发生改变，而不是一味地批评和指责。

在生活当中，我们发现很多人的批评都是发泄情绪，为了批评而批评，获得的好处就是自己舒服了，却伤害了关系，对方也不会改变，无法达到让对方改变的目的，也无法达到沟通的目标。

●（三）欣赏喝彩

《红楼梦》中刘姥姥身上所体现的沟通智慧除了高度热情，还有会捧人、会赞美。懂得欣赏别人，为别人喝彩，才能营造出轻松愉快的沟通氛围，促进沟通目标的达成。这是人的五大精神需求之三：喜欢欣赏喝彩，不希望被否定忽视。

曾经有一个养鸭场的老板特别喜欢吃烤鸭，于是专门请了一个烤鸭师傅每周做给他吃。烤鸭师傅给他做了快二十年的烤鸭，却从来没有得到他的任何一句赞美。有一天，烤鸭师傅把烤鸭送过来之后，老板发现烤鸭少了一条腿，便把烤鸭师傅叫过来想问个究竟。烤鸭师傅说："老板，鸭子只有一条腿呀。"老板一听急了，忙说道："你瞎说什么呢？我养了一辈子的鸭子，鸭子几条腿我还不知道？鸭子都是两条腿。"听完，烤鸭师傅说："老板，鸭子真的只有一条腿，如果您不相信的话，我们一起去鸭舍看看吧。"老板心想，去就去，谁怕谁。于是两个人走出了老板的办公室，中午的阳光有些刺眼，好在鸭场距离不远，走到鸭场边上，烤鸭师傅便指着正在午睡的鸭子说："老板，你看，鸭子是不是只有一条腿？"老板笑了笑，心想，这种小伎俩也想难倒我？于是，两手一合，"啪啪啪",三声之后,鸭子全都跳了起来,露出了两条腿。见状,老板开心地说:"看吧,鸭子都是两条腿吧!"说完之后,烤鸭师傅连忙说道:"老板,所以嘛,你要吃两条腿的烤鸭,你得鼓掌呀。"

被赞美是每一个人内心深层次的渴望。因为被赞美就意味着有价值,满足了人潜意识里面对价值感的渴望。

赞美别人,可以让别人更快乐,从而喜欢我们。同时,我们也会因为对方的快乐和喜欢而变得更加快乐。正所谓,赠人玫瑰,手留余香。

● (四)关注关爱

被看见是每一个生命内心深层次的渴望,在亲子教育的研究当中,学者们发现,很多所谓的问题孩子之所以存在偏差行为,都是因为在想方设法获得父母的关注,即使这种关注有可能是令他不愉快的、让他不喜欢的,比如,被父母训斥、责骂等。为什么呢?既然这种关注让自己不喜欢、不开心,为什么还是想要获得呢?因为被忽略的感受更痛苦。这是人的五大精神需求之四:喜欢关注关爱,不希望被忽视冷落。

让我们再次回到几千年前吧。那时候的人类为了更好地生存学会了以部落的形式生活,而且一旦自己被部落驱逐,就会面临死亡的威胁。因此，人的潜意识里知道自己必须归属于某一个团体，才能获得更多的安全感，从而有更高的保障活下来。而归属就意味着被别人看见，如果你看都不看我，说明我不重要，说明我没有价值，那这样就会唤醒潜意识当中的不安全感，因此就会难过、伤心、沮丧。因此，人才从内心里渴望被看见，被父母看见、被领导看见、被爱人看见、被同事看见，被看见得越多，内心的那份安全感就越充沛。

在沟通的过程中，如果一方一味地讲自己的经历和见闻，对别人的故事和经历一点都不感兴趣，也不去询问，对方就会有一种被忽视的感觉，内心自然不会开心。因此，在沟通的过程中，要把沟通的焦点聚焦在对方的身上，让对方去表达，我们更好地去看见他、关爱他、滋养他。

记得网上曾经有一个段子，大体意思是说，太太已经换发型一个星期了，先生愣是没发现，一个星期后太太提醒先生，先生竟然说了一句："是吗？我怎么没看出来！"想想看，太太当时的心该是碎成了什么样子？

怎么给别人被关注和关爱的感觉呢？你可以先做简单的思考，后面的章节会有分享，请继续保持阅读状态。

● （五）积极倾听

不知道你是否发现过这样一种现象，那就是当别人谈及自己的工作的时候，如果我们毫不觉察，就会不自主地把话题扯到自己的身上，开始不自觉地聊起自己的工作；同样地，当别人谈及自己家人的时候，如果我们毫不觉察，也会毫不犹豫地把话题扯到自己的身上，开始聊自己的家事。这是人的五大精神需求之五：喜欢自我表现，不希望成为附庸听众。

关于这一点，也非常好理解。

在几千年以前的部落中，一个人即使再有价值，也只有被看见才能避免被驱逐出去。因此，在我们的潜意识里，会认为表现自己能更好地确保自己的安全，所以，人都喜欢表现自己。

记得有一天，我收到一位学员的微信消息，内容是向我表示感谢。曾经的他非常恐惧讲台，不敢当众讲话，作为公司的管理者连给员工开会都觉得非常困难，为了更好地管理公司，他走进了我的课堂。他成功地成为了一名演讲者。

其实，不仅仅是他，几乎每一个人内心都住着一个演讲者，因为演讲是一个很好的自我展示的方式，可以最大程度上表现自己。而很多人之所以不敢站上讲台，是因为没有克服当众讲话的恐惧，掌握当众讲话的方法，一旦克服了这份恐惧，掌握了这些方法，每一个人都会享受站在讲台上的感觉。那种被听众关注的自我表现的感觉很大程度上满足了潜意识里对价值感的需求，这的的确确是一份非常美妙的体验。

既然每个人都喜欢自我表现，为了更好地达成沟通目标，我们应该把表现自己的机会给谁呢？是的，给对方。因此，积极地倾听就非常重要。事实上，倾听的作用不止于此，如何更好地倾听呢？在后面的章节中会有详细的介绍。

二、表达的心法策略

基于人类对归属感和价值感的需求，结合人的五大精神需求，我们给大家介绍了表达的五个心法基础，这是我们与人沟通的基本方向，是我们无论达到怎样的沟通目标都必须遵守的原则。基于这些原则，我们可以使用的具体的沟通策略有以下七个方面。

（一）"批评"的策略

这里的"批评"为什么加引号呢？事实上，根据人的五大精神需求之二"喜欢尊重认同、不喜欢被贬低反对"，与人沟通的基本原则就是"不批评、不指责、不抱怨"。但是，在生活中，如果孩子做得不够好我们要听之任之吗？在工作中，如果下属工作做得不到位我们要置之不理吗？当然不是，该"批评"的时候还是要"批评"，只不过这里的"批评"不是我们传统意义上认为的"表情凶狠、语气强硬、音高八度的大声呵斥"，而是"语气平和、给予尊重的有效引导"。

"有效引导对方改变"有以下三个步骤。

1. 平复自身情绪

曾经有人分享了他的一个故事，他是一个工程队队长，因为一个工程项目的工期很短、任务很重，为了按期完成任务，他要求工人们连续加班一个月，争取如期完工。其他的工人都服从安排，第二天早上九点上班，晚上九点下班。可唯独有一个工人，每天都要到上午十点多才能来到工地上。有一天，这个队长实在看不过去了，就把这个工人叫来，噼里啪啦地训了一顿。大致的意思是说，别人都不觉得累，就你觉得累吗？每天这么晚来影响太坏了，要是不想干明天就别来了。训完之后，他感觉特别解气，可是第二天这个工人真的就没有再来了，导致分配到各位工人身上的任务更加重了。这是他想要的结果吗？显然不是。可为什么会这样？其实就是没有处理好自己的情绪，把情绪发泄到对方身上了，也没有用正确的引导方法跟对方沟通，导致了对方的离开。

看到员工不认真工作，看到孩子不认真写作业，人很容易产生生气、愤怒等情绪。如果我们带着这份情绪与对方进行对话，很容易会把情绪发泄到对方身上，这不但不会引导对方改变行为，还会破坏彼此之间的关系。因此，在"批评"之前，必须先平复好自身的情绪。那么我们应努力做到以下三点。

（1）换位思考，理解对方

员工不认真工作在我们看来是错误的行为，但是，在员工自己看来，可能觉得不公平，不想给公司卖命，或者觉得自己有份工作干就行了，不用那么拼命，总之，他一定有自己的想法。无论他的想法是否正确，在他自己看来，都是正确的，因此做出的行为也是自己认为合理的。

孩子不写作业在我们看来是错误的行为，可是，在孩子眼中，他觉得写作业很无聊，还是玩会儿橡皮更开心，或者觉得题目太难做了，玩会儿铅笔可以让自己暂时轻松些。无论孩子的想法是否正确，在他自己看来，他的想法肯定是正确的，做出的行为也是自己认为很合理的。

因此，任何人做任何事情在他当时看来都是合理的。

基于此，我们要学会换位思考，理解对方做出这种行为只是由自己当时的想法决定的，而因每一个人认知水平的不同，导致想法的不同，因此出现了我们所谓的"错误"的行为。

这么想并不是说否认对方的错误，而是理解之后，我们就不会觉得那么生气了。

（2）表达情绪，合理宣泄

无论我们如何理解对方，造成的损失和不良后果都是不争的事实。面对这样的后果，我们一定会有负面情绪，请允许自己有情绪，然后采用我们前面讲到的转换情绪能量的方法，让情绪得到合理的宣泄。一定要避免负面情绪积压对身体造成的伤害，同时避免情绪发泄对关系带来的破坏。

（3）转换焦点，聚焦未来

错误已经发生了，损失也已经造成了，再怎么生气都无法弥补了，我们唯一能做的就是接纳和承担，然后想办法避免类似的错误再次发生。这要求我们聚焦未来，思考如何跟人沟通，跟孩子沟通，让他们不再犯类似的错误。

2. 指出对方问题

基于人既是理性的，又是感性的，因此在沟通的时候，一定要处理两条线：一条是情绪线，一条是内容线。虽然我们主要想说的内容是指出对方的问题，但一定要照顾到对方的情绪和感受，否则，无论我们说得多么头头是道，对方都不会很好地听到心里去。具体能做到以下四点即可。

（1）实事求是，就事论事

假如有一天，你下班后兴高采烈地开车回家，路上风景优美，绿灯不断，却突然遇到了一个红灯，你只能耐心等待。经过一分钟焦急的等待，终于可以通行了。结果，你刚一踩油门，突然有一个人横穿马路，你吓得立刻踩下刹车，紧接着会顺口而出什么话呢？是的，很有可能会说出诸如"不要命啦""找死呀"等人身攻击的话语。这个时候，我们往往针对的不是事情本身，而是当事人，这就不属于实事求是、就事论事。

所谓实事求是，指的是我们要对看到的或听到的客观事实进行描述，而不是就这件事情发表对当事人的看法（评判）。

比如，"上班时间看什么网站？一点责任心都没有。"其中，"上班时间看网站"是事实，但"一点责任心都没有"就属于评判了。

再比如，"写作业的时候看手机，你怎么这么不认真啊。"其中，"写作业的时候看手机"是事实，但"怎么这么不认真啊"就属于评判了。

既然我们希望对方能够自动自发地发生行为的改变，就必须考虑到对方的感受，让对方乐于接受，不会产生抵触情绪。事实是客观的，是无可辩驳的，对方只能接受，而看法（评判）则是主观的，很容易引起对方的抵触情绪。因此，实事求是非常重要。

另外，我们也要注意一些以偏概全、以点带面、容易引起对方抵触情绪的词语，比如"总是""一直""老是""天天""经常""一直"等。

（2）赞美之后，再挑错误

俗话说"打一巴掌给颗甜枣"，这里我们要反过来，也就是先"给甜枣"，再"打巴掌"。当然，"打巴掌"是形象化的比喻，其实没有那么可怕啦。这里想表达的意思是，在我们想要指出别人错误的时候，为了减轻别人不舒服的感觉，我们可以先进行一番赞美，让对方愉悦之后再指出问题，这样对方更乐于接受。

这里需要特别注意的是连接词的使用，不要使用"但是"，而要使用"同时"。因为"但是"表示对前面内容的完全否定，我们的赞美也就失去了意义。特别后半句，如果用"同时，如果……就更好了"这样的句式，可以让对方感觉到很开心。因为"更好"说明现在已经"很好"了，只是可以更好而已。表达中含有赞美的意味在里面。

比如，看到孩子考了58分，很多的家长第一反应就是横加指责，甚至开口大骂。骂完了，自己舒坦了，孩子却生气地回到房间之后再也不想看试卷了，甚至讨厌试卷讨厌得不得了。这其实就是光顾着发泄情绪了，忘记了沟通的目标。既然我们的目标是要让孩子学习成绩提升，那就要让孩子愿意改正不会的试题，愿意思考以后怎么样把题目做对。很显然，责骂是做不到的。我们可以先发现孩子做得好的地方，给予真诚且具体的赞美，比如说"比上次进步了两分"，"这次填空题都做对了"，或者"这次卷子上的字写得很整齐"等；然后再指出哪里不够好，可以做得更好的部分，比如后面选择题粗心了，或者平常看电视有点多等，这样孩子就更乐于接受，进而有可能乐于改变。

再比如，看到下属交给自己的方案非常糟糕，很多管理者第一反应就是开口责骂，这其实只是把自己生气的、糟糕的情绪发泄了出去，对方接收到这股负能量之后，内心会更加对抗，因而不会思考怎么样把方案做得更好。而让下属积极努力地把方案做到最好不正是我们想要的结果吗？因此，先给予一定的肯定，比如说字数写得很多，或者速度很快，又或者效率挺高的等。找到值得肯定的地方告诉对方，然后指出可以更好的地方，比如，考虑得不够全面，写得不够具体等。

（3）先责自己，再责对方

曾经有人分享了自己的一次投资失败的经历。他看好一只股票很想买，但太太无论如何就是不同意。终于有一次，太太出差了，他在朋友的建议下买下了这只股票。可是，就在他买入后不久，这只股票一路下跌，一个月之后，直接跌停。碰到这样的情况，用学员自己的话说，他的肠子都悔青了。可毕竟都已经买了，还能怎么样呢？只能自认倒霉。可是，太太知道情况后，非常生气，说了很多类似"说不让你买你偏要买，现在跌停了怎么办？那么多钱说没有了就没有了，你就不心疼吗？”这样的话。这位学员心里当然心疼啦，可看到太太如此指责自己，便只能辩解道：“跌停就跌停了，有什么了不起，买股票哪有不亏的，不就那么点钱吗？至于喊成那样？”虽然他的心也在滴血，但男人的尊严让他死不承认，不承认心疼钱，更不承认自己错了。为这件事情，他们争吵了好长一段时间。

好在他的太太也学会了“先责自己，再责对方”。于是，她有一天回去就对老公说：“老公，这件事情也是我不好，我明知道你很想买那只股票，出差前就应该再对你强调一遍的，如果我再强调一遍，可能你就不会那么轻易地买了，我们也就能够避免这次损失了。”如果你是这位先生，听到自己太太这么说，你的感受是什么？是的，这位先生感到非常自责，于是赶快告诉太太，都是自己的问题，太贪心了，下次一定多加小心。这就是“责人之前，先责自己”的好处，它可以唤醒对方的良知，让对方愿意承认自己的错误，并发自内心地想要改正它。

（4）提出问题，更要建议

指出问题可以显示自己懂得很多，很了不起。因此，很多人特别喜欢指出问题。其实，引导对方改变的时候指出问题并没有错，甚至是必需的，关键是在指出了问题之后，要给出具体化的建议。如果一个人只提出问题，不给出建议，这跟抱怨和牢骚又有什么区别？

有一个刚入职的大学生在公司的例会上提出了公司目前存在的一些管理问题，诸如考勤制度不合理，财务工具落后等。董事长就说了一句话："这些问题都是你的机会，如果你能把这些问题都解决了，你就是公司的功臣。"可事实上，他只会提出问题，并没有给出任何的建议。

很多刚做管理的领导者也是如此，总是跟在下属身后不停地催促下属干这个干那个，却不给出具体化的建议，不告诉他们具体应该怎么做。谁不想做好呢？无非不会而已。因此，我们给出具体化的建议就至关重要。

有一位红木家具厂的厂长为了安全起见，要求大家不能在上班时间在厂内吸烟。可是，还是会有人在厂里偷着吸烟。他很生气，于是就让行政人员每天偷偷地查看，发现一次罚款100元。他自己有时候也跟着查。后来他发现，在行政人员比较忙的时候，或者自己不在公司的时候，还是会有人偷偷地在厂里抽烟，罚款根本解决不了问题，面对这个问题，关键要给出解决方案。最后他决定在厂区角落里设置一个吸烟区，让大家想吸烟的时候去吸烟区，这样他就再也不需要总是检查了，也不用担心厂子的安全问题了。

跟问题对抗只会加剧矛盾，承认问题的存在，接纳问题的存在，然后给予合理的建议，才是解决问题的智慧方法。

3. 激发下次改正

（1）善加理解，表达关爱

批评和指责会把人心推远，而理解和关怀却可以把人心拉近。

每个人的行为背后都有其正面动机，当然，这个正面动机是针对当事人自己而言的。比如，一个小偷偷东西，对别人而言，他是在偷东西，对他自己而言，一定有自己的正面动机，他可能是想发一笔横财，也可能是想大吃一顿，或者想为家里人看病等。总之，他做这样的事情一定是有一定的正面动机，只不过这种行为是伤害他人的，是违背法律的，是不被接纳和允许的。因此，每一个人的动机都不会错，只是行为错误而已。

如果我们想要对方改变，就要理解对方的动机和行为，然后表达关爱，让对方意识到，我们是一起的，我们愿意和他站在同一战线，一起达成目标。

（2）积极鼓励，传递信任

每一个人终其一生都在追求价值感，而信任是对一个人价值感最大的认可。因此，信任可以激发一个人的内在动力去证明信任者的眼光是正确的，自己的确是有价值的。

信任是管理者的利器，一个善于管理的人一定是一个敢于信任的人，因而能激发员工的积极性和内在潜能。

信任也是智慧父母的法宝，一个善于信任孩子的父母总是能激发孩子的动力，让他去做得更好。

在实践的过程中有一些注意事项，希望大家在运用的时候多加注意。比如：

①公开挑错，尽量避免

公开是一个放大的过程。如果我们私下里批评一个人，他感受到不舒服的感觉是一倍的话，公开批评就会放大数倍这份不舒服的感受。参与的人数越多，不舒服的感觉越强烈。

记得有一次有一位个子不高、皮肤较白的学员提出他的问题。原来，他是生产制造陶瓷卫浴产品的，厂里有两百来号人，每一次开员工大会，他要做的第一件事情就是开批评大会，先批评三个人，批评完之后再开会。他听到我这样说很不理解，于是当场向我提问。我什么话都没有说，就反问了他一句："那你厂子里员工的离职率怎么样？"他回答说："挺高的。"我当时心想，不高才怪啊，谁能受得了这样公开的批评？一般来讲，只需要三次，这个员工肯定会受不了，要离职的。

因此，公开场合，尽量避免指出他人的问题，如果需要指出，我们可以私下找对方沟通。

②间接提醒，巧妙暗示

人都是要面子的，让对方意识到问题比直接指出他的问题更能给对方留面子。

很多年前，上海公交车也还没有启动无人售票系统，都需要售票员进行售票。公交车公司有一个售票员，每一年都会被评为全市"十佳售票员"。原因是什么呢？有一次，一家三口在同一个公交站上车，妈妈买票时只买了两个人的票，可是她一看就知道孩子的身高已经超过1.2米了，但是她当时什么话都没有说，而是径直去收其他乘客的票。收完之后她把脚落在了这一家三口的旁边，跟他们聊起天来。先是问他们是不是很注重孩子的营养，然后再问孩子应该有1.2米了吧？妈妈立刻反应说："对啊，孩子的票还没买呢。"于是立刻掏钱把票买了。这就是通过间接提醒，既给对方留足了面子，又解决了票的问题。

记得有一次，我在家里陪孩子读小猪佩奇的绘本，其中里面有一句话"爸爸妈妈要多做体育运动，给孩子树立一个好榜样"，我并没有拿着这句话去找先生理论，而是拿着这本绘本跑到客厅跟个孩子似的对他说："老公，这句话里面的字我不认识，你能帮我读一下吗？"老公也非常配合，像模像样地大声地读了出来。读完之后，我问他："能理解吗？需要解释吗？"他嬉笑着说："不需要了。"于是我便回卧室继续给孩子讲故事。第二天，奇迹发生了，很久没有早起运动的老公竟然带着孩子去楼下踢球去了。

这就是间接提醒的好处，改变他人于无声无息之中。

③注意语调，语气平和

本节讲的"批评三大步骤"都属于文字内容，也就是从文字内容的角度告诉大家具体应该说什么话。但我们平常沟通表达的过程中传递文字内容的同时也一定伴有语气语调、面部表情和肢体动作，而且这些比文字内容本身对沟通效果的影响力更大。因此，一定要注意语气语调、面部表情和肢体动作，面部表情也要是温和的、中正的、身心一致的。

在课堂上，我会让同学们找出生活中的案例进行演练。有一次，一位学员分享了她孩子学习成绩不及格，自己引导孩子改变的过程。虽然她的文字内容都对，方法运用得很好，但作为听众和扮演她孩子角色的我们感觉到她还是对孩子充满了责备和不满，虽然嘴上说着理解、关爱、相信，但我们一点都感受不到，原因就是语气语调是向下的，充满了责怪的意味，而且表情非常严肃，仿佛非常生气，这都让"批评"的效果大打折扣。

④注意时机，择机而说

"批评"的最终目标是为了引导对方改变，也就是说，它的沟通目标是聚焦未来的，而不是聚焦当下，解决当下的事情的。当下已经发生了，只有对当下发生的事情做到足够接纳和理解，并且从生气、愤怒的情绪中走出来，我们才可能心平气和地使用这些方法。因此，当人处在愤怒或者生气的情绪的时候，不建议使用这些方法，可以先让自己离开，或者深呼吸平复下自己的情绪。等自己已经可以接受发生的事情，并且情绪恢复稳定的时候，再与对方进行沟通。考虑到每一个人被指出问题时心里都会不舒服，而且可能不愿意发生改变，如果情况不是很着急，建议找对方心情比较好、双方关系比较亲近、相互之间更容易交流的时机进行引导，这时候引导成功的概率会大大增加。

⑤**无法更改，不要去说**

这句话要从两个层次去理解。第一个层次是问题已成为既定事实，就算你说出来了，在当下也无法改变。打个比方，好闺蜜新换了一个发型，很开心地问我们她的新发型怎么样。如果觉得这个发型剪得有点短，显示不出她的气质，要怎么说？能直接告诉她吗？假如告诉了她，她能把发型再变回去吗？显然是不可能了。由此，如果告诉她，除了让她难堪、不好意思、心里不舒服和对新发型不满意之外，不会有其他的好处。既然如此，为何还要说呢？因此，一旦成为既定事实，说也无用的时候，就不要去说。相反，如果闺蜜正在理发店挑选即将剪的发型，发信息问我们假如自己剪这个短一点的发型怎么样？这时就可以直接告诉她，短发型显示不出她的气质，她不适合剪短发。这样就可以很好地帮助她避免剪出不适合的发型，维持好的形象。

第二个层次是我们已经说了很多遍，但无论如何对方就是不改变。遇到这种情况我们可以想方设法地引导对方，但是，接不接受引导完全由对方决定。因此，千万不要沉浸在因别人不改变反而自己很痛苦的糟糕情绪里面，更加不要在别人不改变的情况下反复不断地啰唆，这样只会让关系变得更糟。无法更改，就不要去说，学会接纳，是人生的大智慧。

曾经有一个年轻人，每天过得很不幸福，于是就去拜求佛祖，问怎么样才能幸福？佛祖指了指远处，从容地说："你瞧，在那个方向有三栋房子，房子的墙上贴着你想要的答案，你可以自己去看看。"年轻人第二天一大早就兴致勃勃地背上行囊出发了。他走到第一座房子跟前，看到墙上写着"改变世界"四个字，心想，原来改变世界就可以让自己幸福呀，于是他努力地思考怎么让世界变好。他发现，有时候，天要下雨，地要长草，他还是会感到无能为力，毫无幸福可言，于是很想回去找佛祖再问清楚些。可来都来了，佛祖不是说有三栋房子吗？于是他继续往前走，便看到了第二栋房子。这第二栋房子的墙上也写了四个字："改变他人"。于是他努力地思考怎么样可以改变爱人，改变孩子。可他发现，有时候，无论他怎么做，都无法改他们，自己还是会感觉不幸福。不是说有三栋房子吗？于是他继续往前走，看到第三栋房子的墙上也写了四个字："改变自己"。于是，他开始思考如何让自己变得更优秀、更卓越。他发现，无论自己怎么努力都没有办法永远做第一名，也没有办法变成完美的人。于是，他很生气，打算回去找佛祖，这个时候，他没有直接转身，而是从房子后面绕了回去。突然，他看到第三栋房子背面也有四个字，叫作"接纳自己"。对呀，如果接纳自己有时候不是第一名，允许自己有不完美的地方，不就好了吗？想到这里，他心里升腾起了一份幸福感。于是继续往前走，看到在第二栋房子背面也有四个字，叫作"接纳他人"，于是，他开始接纳爱人的缺点，接纳孩子不足的部分，心中的幸福感更强了。带着这份喜悦继续往前走，在第一栋房子的背后，他又看到四个字："接纳世界"。他猛然发现，是呀，无论天要下雨，还是地要长草，接纳这一切的发生不就可以了吗？想到要接纳生命中所有发生的一切，他的内心充满了幸福感，不禁感叹道："原来，幸福从接纳开始！"

人生有三类事：自己的事、别人的事、老天的事。而我们人类，唯一能改变的就是自己的事。因此，19世纪末20世纪初美国一位有名的神学家尼布尔在20世纪最著名的祷告文《宁静的祈祷文》中写道："神啊，请赐我平静的力量去接纳无法改变的事情，请赐我勇气去改变我能改变的事情，请赐我智慧去区分这两者的不同。"

●（二）赞美的策略

每一个生命都需要赞美的滋养，就像每一朵花儿都需要阳光雨露的滋养一样。佛家说无财七施：颜施、言施、心施、眼施、身施、座施、房施，其中言施指的就是我们要多赞美别人、多鼓励别人。因为，赞美是对生命最大的滋养。

常言道："赠人玫瑰，手留余香。"赞美别人就像送玫瑰花给对方，既愉悦了别人，又芳香了自己。接下来将分别从赞美的原则、路径和方式三个维度来讲述如何给予别人恰到好处的赞美。

1. 赞美的三大原则

（1）真诚

真诚是赞美的大前提。

有一次，在上课的过程中，一位学员听到我讲要赞美他人，就立刻举手反驳说："老师，我从来不赞美别人，赞美不就是拍马屁吗？"可见，他将赞美和拍马屁混为一谈了。去年我回家探亲，跟父亲聊天的时候顺嘴问了一句，大概意思是说，我小时候爸爸怎么不夸我呀。爸爸听后，笑着答道："都自己人还需要拍啥马屁呀。"我不禁感慨，原来好多人都把赞美和拍马屁混为一谈了。

事实上，赞美和拍马屁是有本质区别的。拍马屁是为了刻意地逢迎和讨好对方，把一些夸大的、不切实际的辞藻堆积起来给对方，目的是讨得对方的喜欢；而赞美是用心地发现了别人身上的闪光点后，用朴实的语言真诚地表达出对对方由衷的欣赏，目的是表达自己的观点和感受。就像我们看到美丽的风景会忍不住开口说"这里的风景简直太美了"；看到漂亮的花朵会忍不住感叹道"这花儿开得太漂亮了"。我们并没有希望风景和花儿喜欢自己，只是为了表达自己的喜欢，仅此而已。因此，赞美不等于拍马屁，千万不要因为不想拍马屁而不去赞美他人。拍马屁可以不做，但赞美必须要做。赞美是对生命最大的滋养，每一个生命都渴望着被赞美。

很多学员说："老师，我这个人挺真诚的，但就是有时候别人感觉不到。"如何给别人真诚的感觉呢？可以试着做到以下几点：

①四目相对

俗话说，眼睛是心灵的窗口。视神经细胞跟潜意识相连，如果一个人说谎，那么他通常不敢看对方的眼睛。因此，当我们看着别人的眼睛讲话的时候，实际上是让别人感觉我们不是虚假的，而是真实的。如果你因为害羞腼腆不敢看对方的眼睛，那一定要努力尝试突破自己，并且养成看别人眼睛的习惯！

②声音放慢

人在遇到较慢的声音的时候潜意识里会感觉没有压迫感，比较安全。因此，声音变慢也会给人真诚的感觉。如果你是一个急性子，说话速度总是很快，可以尝试着让自己的语速慢下来、缓下来。

③用心讲话

当每一个字说出来都很用心的时候，我们的潜意识就会和对方的潜意识产生连接，这种真实感同样给对方真诚的感觉。

（2）具体

我们的赞美越具体，对方的感受就越强。

很多女孩子见到朋友、闺蜜会喜欢夸对方的衣服好看，"哇，这件衣服好漂亮。"这样的赞美不是不可以，只是对方开心的感受没有达到最大化。如果调整一下说："哇，你这件衣服的颜色真好看，今年最流行的就是这个颜色，而且跟你的肤色很搭，真漂亮！"这样会不会感受更好呢？

再比如说，很多人喜欢夸女孩子漂亮，男孩子帅气。如果我们对一个男孩子说："你好帅啊"，那么对方会觉得很假，而且怀疑你见到任何一个男生都会这么说。但如果改说："我发现你的鼻梁好挺，而且眼窝也比较深，整个面部看起来很有立体感，真的好帅。"对方会不会感觉更好呢？

因此，赞美一定要具体到某个细节，来佐证我们说的话不是空口瞎说的，而是有理有据、实实在在的。

怎样才算是细节呢？拿衣服来讲，细节包括颜色、款式、剪裁、板型、质地、面料等；拿长相来讲，细节包括眼睛、鼻子、嘴巴、脸型等；拿眼睛来讲，细节包括眼睛的瞳孔大小、颜色，以及眼皮的单双等。总之，就是告诉对方，你如此赞美他，具体是从哪里看出来的。

很多父母赞美孩子，喜欢说"你真棒"。在孩子很小的时候，这么说是有效果的，等孩了长到六七岁，再这么说，他就会想，"你就是为了鼓励我才这么说的"，其实内心根本不接受你的赞美，这也是为什么很多学员跟我反馈，明明家里人总是夸孩子，孩子还是不自信。就是因为赞美得不够具体，太笼统，对方没有真实地感受到，从而没有接纳这份赞美。

（3）适度

有一次在课堂上，在赞美体验的环节中，我听到一个男孩子对女同学说："我感觉你太漂亮了，简直是沉鱼落雁、闭月羞花。"我知道这个男孩子是想表达你很漂亮的意思，可是这样的词语用在文章的写作上固然很好，但用在日常生活当中难免让人感觉太虚、太空，很难有真诚的感觉。因此，赞美别人在词语的使用上一定要适度，要朴实、接地气，让别人感觉实在。

2. 赞美的四大路径

了解了赞美的原则之后，就会有同学问，我也知道要真诚、具体、适度，可是我不知道该赞美对方什么，找不到赞美的焦点。你也有这样的困惑吗？赞美的"四大路径"就可以帮助我们找到赞美的焦点。所谓焦点，就是我们要具体赞美他人的哪个点、哪个方面。无论选择哪个焦点，我们都要遵循上面讲到的三个基本原则，只有在这个基础上，才能更好地达到赞美的效果。

（1）外在形象

外在形象包括很多方面，比如长相、发型、身高、服装、鞋子、包包、配饰等。只要我们肉眼看得到的部分，都属于外在形象的范畴。

（2）内在品质

一个人的内在品质一般是可以总结概括出来的，概括的依据就是对方的言行举止。因此，我们可以先具体化地描述对方的言行举止，然后概括出他的内在品质。

比如说："小芳，我发现今天早上你是第一个来到教室的，据我了解，你家住得非常远，住得这么远还能第一个来到教室，你真是一个非常热爱学习的人。"这是通过对方的行为赞美对方的内在品质。

再比如说："刚刚听到你在讲台上分享了自己在国外的一段经历，我深受触动，感觉到你真的很爱国，很有家国情怀。"这是通过对方所说的话赞美对方的内在品质。

（3）得意之事

当你身上发生了自己觉得很满意、很兴奋的事情，你通常喜欢做什么？发微博、发朋友圈，想让更多的人看到，对吗？同样地，假如你用了半个小时的时间精心编辑了一条朋友圈，在发出去后的半个小时时间里，你通常都在做什么？频繁地看手机，想要知道别人都评论了什么，对吗？其实，最本质上，我们都在期望着别人的欣赏和赞美。因此，我们可以赞美对方得意的事情，对方得意的事情才是最期待得到赞美的地方。

比如，我们去好朋友的家里，发现好朋友家里整整一面墙都贴满了孩子的各种奖状。此时如果赞美："哇，你家的花瓶好漂亮啊，跟装修的风格特别搭。"这样的赞美也不是不行，但就是感觉好像没赞美到点子上，因为对方最得意的事情就是孩子满墙的奖状，这是最渴望得到赞美的地方。我们如果能够对奖状进行赞美，对方的感受就会更好。

（4）最新变化

好久不见的朋友突然见面，说你瘦了，你有什么感受？一定特别开心吧！为什么会这么开心呢？除了瘦是你想要的，另一方面，这句话让你感觉他很关心你。这就是赞美最新变化带来的好处：既可以让对方感觉很开心，又可以让对方感受到你的关心。

当然，这要求我们要善于观察，随时拥有一双发现美的眼睛。比如，同事换发型，好朋友穿了一件新衣服，孩子作业成绩得到提升，等等。

3. 八大方式

如果前面讲到的赞美的三大原则、四大路径大家都能掌握得很好，那么大家的赞美能力已经有60分了，也就是已经及格了。如果还想有更高的分数，获得更大的提升，以下这些花样赞美方法大家也可以学习一下。

（1）从否定到肯定

这个类似于欲扬先抑的表达方式。

比如："我很少佩服什么人，但你是我特别佩服的一个人。"

"我一直觉得女孩子剪短发没有女人味，但我发现你虽然是短发，可依然女人味十足，我觉得我也可以尝试下短发了。"

"第一次看到你的时候，我感觉你性格蛮冷的，还担心自己跟你相处不来，但经过这么一段时间的相处，我发现你内心其实特别火热，非常好相处，真的很开心能够和你成为同事。"

（2）与自己做对比

既然是与自己做对比，那么用自己的优点与别人比还是用自己的缺点与别人比效果更好呢？你还记得儿时玩的跷跷板的游戏吗？玩跷跷板就是要先把别人翘高，别人才可能把我们翘高。可是，我们的重量是大一些能够把对方翘得更高，还是重量小一些更好？答案肯定是重量大一些。因此，用我们的优点做比较效果会更好。那么，是不是不可以用缺点比呢？也不是，只是用缺点比存在两个弊端：

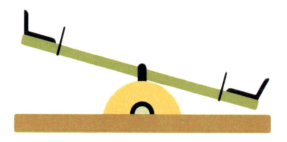

第一，效果不明显。

我不知道正在看这本书的你是从事什么行业的，假如你是一位医生，我赞美你说："张医生，我刚刚听到您把感冒发烧的原理和应对方案讲解得非常透彻，非常专业，您比我强多了，我一点关于感冒和发烧的常识都没有。"听完这句话你的感受是什么？是不是一点感觉都没有？心想，这是我的专业，如果没有你懂得多，我还怎么工作呀？

再比如，你今天早上起来跑了六公里，然后发了一个朋友圈。半个小时之后，有两个人同时给你点赞评论。其中小张说："你太厉害了，能跑六公里，我一公里都跑不下来。"而小李说："你太厉害了，昨天我跑了五公里，朋友圈八十多人给我点赞，都说我牛，你这比我更牛啊。"看完小张和小李的评论，谁的赞美让你感受更强烈呢？一定是小李吧！因此，如果要做对比，我们要尽可能用自己的优点去跟别人做对比，这样对方的感受更好，效果更明显。

第二，让自己更自卑。

当我们总是拿自己的缺点跟别人做对比的时候，无意中就在负面催眠了自己，强化了自己不够好的部分，让自己更加不自信，甚至自卑。我把这种行为形象化地称为"精神自残"，也就是在精神上摧残自己。事实上，我们可以抬举对方，但不一定非要贬低自己。对方有对方的优势，我们有自己的特长，各有千秋而已。

那是不是完全不能拿自己的缺点跟别人比较呢？也不是。如果这个缺点对我们来讲是无所谓的缺点，或者说我们内心并不认为是很大的缺点，用来比较也是可以的。比如，有位先生跟老师说："讲课我不行，还是你们厉害。"因为在他看来这个缺点根本不是大的缺点，他不做讲师，没有讲师讲得好很正常。因此，除非我们不认为这是很大的缺点，否则就不要拿来跟对方做对比，否则，只会打击自己的自信。

对于孩子也是如此。记得有一次，我带孩子下楼去玩，在小区里正好碰到了一个阿姨也带她的小孙子出来玩儿。一番热情的招呼之后，阿姨看了看我的孩子夸奖道："你们家这个小朋友胆子很大嘛，那一天，我们很多人都在，他还站在中间给我们跳舞，不像我们家这个，胆子小得很，一碰到人就往身后躲。"奶奶刚说完，本来站在奶奶旁边的小朋友立刻羞涩地躲到了奶奶的身后。

我知道这个奶奶是想夸奖我们家的小朋友很开朗，可真的没必要拿自己的孩子做比较。这样不但会伤害孩子的自尊心，还会给孩子贴上负面的标签。我们老一辈的父母习惯用这样的方式来赞美别人家的孩子，其实，夸奖别人家的小孩不必非要说比自家小孩强，每一个小孩都各有自己的优势。希望新一代的父母能时刻提醒自己这一点，做智慧的父母。

（3）逐渐增强评价

所谓逐渐增强评价，指的是不要要么不赞美，要么句句都是赞美。赞美他人像吃饭一样，饭要每天吃，赞美也要每天做，直至成为我们生活中不可缺少的一部分。我们要让赞美像涓涓溪水一样流入身边人的心房，滋养每一个生命。

另外，刚开始我们认识一个人可能赞美的都是外在，时间长了，我们可以多发现对方的内在美，多赞美对方的内在品质。

（4）似否定实肯定

其字面理解就是：看起来是在否定对方，细细品味，却是在肯定对方。

比如："王总，你哪里都好，对大家也好，就是有一点不好，太不注意爱惜自己的身体了。"

"小张，你这个人工作认真，善良热情，哪里都好，就是有一点不好，太实在了。"

（5）巧用比喻

既然是比喻，就要有本体和喻体，而且本体和喻体一定要匹配。

记得有一次，我去给一个企业做培训，为了方便，带了一位非常帅气的助教老师前往。在布置会议室的时候，对方的工作人员为了快速和我们拉近距离，就夸了我们的助教老师一句。他是这么说的："王老师，你长得好帅啊，好像赵本山。"等对方离开后，王老师无奈地问我："老师，赵本山帅吗？"其中的郁闷可想而知。

因此，我们在打比方的时候，一定要注意本体和喻体是否匹配。

另外，喻体最好家喻户晓，大家都认识。如果有人夸你，"你的眼睛很漂亮，特别像我邻居家的妹妹"，相信你一定会疑惑，你邻居家的妹妹是谁？漂亮吗？有多漂亮？但如果他说你的眼睛很漂亮，很像杨澜，或者董卿，估计一定会特别开心吧！毕竟，大家公认杨澜、董卿的眼睛非常漂亮。

（6）公开赞赏

如果私下一对一赞美一个人，对方愉快的感受是一倍的话，当着很多人的面赞美他，起到的效果就是数倍。公开赞赏等于放大效果。

记得有一次，婆婆在公园里交了一个同年龄的朋友，并约了这个阿姨来家里吃饭。这个阿姨一来就夸奖家里打扫得干净，我赶忙说道："都是婆婆的功劳，她非常勤快，总是忙里忙外，把家收拾得特别好，所以我们出去工作特别放心。"说完这些，婆婆笑得合不拢嘴，开心的样子现在还可以在我的脑海里清晰地浮现。

（7）借他者的话

所谓他者，就是沟通双方都认识的人。通过传达这个人说的话给对方，可以放大赞美的效果。比如，"芳芳，我经常听校长提起你，说有一个叫芳芳的学生，上课非常认真，笔记做得也非常全面，还经常分享给班级的同学们，今天见到你，发现果然如此，真是太爱学习了，点赞点赞！"请问芳芳听到这句话之后，得到了几个人的赞美？两个人，对吗？这就是"借他者的话"带来的好处，具有双倍赞美的力量。

（8）使他人觉得重要

每个人都希望被别人重视，被重视是最高级别的赞美。因此，我们要让别人觉得自己很重要。如何做到呢？有几个词语，建议大家一定要挂在嘴边，比如：经常提到、只有你行、缺你不可、幸亏有你、归功于你、你是代表等。

（三）说服的策略

在人际沟通的课程上，同学们问得最多的问题之一就是怎么样说服别人。人类是群居动物，在与其他人互动的过程中难免会遇到意见相左，观点不一致的情况，这个时候，一个人的说服力就显得尤为重要。如何提升说服力，更好地说服对方呢？我将下面几个建议分享给大家。

1. 利他的初心

初心定成败，如果一个人想要说服别人仅仅是为了达成自己自私的目的，毫不考虑对方的需要、对方的收获，根本不可能说服对方。只有站在对方的立场上，怀着一颗利他之心，设身处地地为对方着想，为对方创造价值，才有说服对方的可能。我的课堂的成功不是内容讲得有多么精彩，也不是话语讲得有多么流畅，而是我有多大程度想要帮助对方，那份至善的爱的力量究竟有多大。正如日本经营之圣稻盛和夫所说："动机至善，私心了无。"

2. 先说服自己

说服是一个信心传递、情绪转移的过程，如果我们自己都无法说服自己，对方就会从我们的语气语调、肢体表情中读出怀疑，读出不坚定，因而肯定不会被我们说服。因此，要想说服别人，自己先必须要百分之百地相信。马云通过六分钟的演讲说服孙正义为其投资2000万美元的故事一直是商业界的佳话。在一次马云和孙正义二人共同出席的论坛会上，马云曾经问孙正义："为什么愿意在六分钟之内就决定投资给我？"孙正义直言不讳地回答："因为我看到你眼里冒着光，闪烁着梦想和激情的光，那是一份极其坚定的相信的力量。"

3. 先认同再引导

沟通目标的达成有一个重要的前提条件，那就是和谐的沟通氛围，一旦氛围不好，沟通就无法顺畅进行，目标自然无法达成。因此，虽然对方的观点和我们不一致，看法和我们不一样，但是我们不能立刻反驳对方，否认对方。一旦这样做，对方就会启动防御机制，要么立刻反驳，使双方陷入争论之中；要么默默不动声色，但心里立刻关上大门，竖起屏障，让我们的说服无的放矢。因此，我们要先认同对方，理解对方，让对方感受到我们的理解和友好，从而降低戒备之心，然后再想办法悄无声息地把对方引导到我们的思维框架中，达成说服的目标。

4. 说明利害之处

既然要说服，就一定是希望通过改变对方的观点来改变其行为，从而改变结果。可是，人类行为的动机是什么？也就是说，一件事情，人为什么愿意去做，又为什么不愿意去做？事实上，心理学家早就揭露了人类行为的动机，无非有两个：趋利避害、趋乐避苦。因此，如果想要说服对方，我们要告诉他，这样做对他有什么好处，会带来怎样的快乐；不这样做对他有什么害处，会带来怎样的痛苦，他自然会去做权衡。

一对夫妇带着自己的孩子在餐厅就餐，两个孩子吃完饭后在餐厅里到处乱跑，非常吵闹，影响了其他客人的就餐。如果你是餐厅的工作人员，你会怎么跟客人讲呢？如果你走过去热情地说："您好，女士，不好意思，请您看管一下您的孩子，不要让他们乱跑，实在太吵了，已经影响到其他客人就餐了。"这样说对不对呢？也对，可是效果却不是最好的，因为对这对夫妇而言，影响的是其他客人，而不是自己。这对夫妇也会去管一下自己的孩子，但管的力度和动力却不是最大的，因为毕竟只是出于礼貌，而不是为了自己。相反，如果换一种说法，"您好，女士，不好意思，请您看管一下您的孩子，不要让他们乱跑，因为菜刚做出来的时候都非常烫，孩子到处乱跑很容易被端出来的热菜烫伤。"如果你是这位女士，会不会赶快让孩子回到自己的身边来呢？其管孩子的力度和动力也绝对是最大的，因为不是为了别人，而是为了自己。

5. 讲故事举例子

没有人愿意听大道理，这会显得自己什么也不懂，但是，所有的人都喜欢听故事，这会显得自己只是好奇而已。因此，如果想要提升说服力，讲故事的能力必须具备。我们可以讲熟悉的历史故事、寓言故事，也可以举生活当中实实在在的例子，总之，不要讲大道理。另外，列数据也是非常重要的方法。人与人观点的不同很大程度上是接收到的信息不同，当我们列出真实的数据给对方看的时候，对方的认知自然就会有所调整。

6. 借助他人的力量

就像写作文需要引用名人名言来支持和论证观点一样，如果我们能借助身边其他人，特别是借助相对权威的人的观点来进行说服的话，胜率就会高很多。

7. 给出下一步建议

这是说服的最后一个关键点。也许前面对方已经基本被你说服了，但如果没有落地的、切实可行的下一步行动方案，他还是会因为不知道怎么做而停步不前。因此，我们要给出对方行动计划，比如，第一步如何，第二步如何。我们给出的下一步行动建议越清晰、越具体，对方被说服的可能性就越大。

● （四）建议的策略

"良药苦口利于病，忠言逆耳利于行"，无论对方的初心是多么为我们好，可是，一旦对方指出我们说的或做得不对的地方，我们还是会感觉不舒服。前面已经提到过，这种不舒服是我们人类几千年的集体潜意识出于对安全感的需求而产生的，是非常正常的。因此，当我们感觉到这份不舒服的时候，要全然接纳它，然后看到它带给我们的好处，以及这个建议本身带给我们的价值。但是，当我们给别人提建议的时候，要尽量避免使对方产生这份不舒服的感受。要怎么做呢？

1. 寻求许可

古时候大臣在朝会上给皇帝谏言的时候一般都会说一句话，常看古装剧的朋友一定耳熟能详，叫作："臣有一言，不知当讲不当讲？"待皇上说"但说无妨，恕你无罪"之后，大臣才会说出自己的看法，给出自己的建议。这是在干什么？其实就是在做铺垫。事先告诉对方，我接下来要讲的话可能会让你不高兴，你要做好心理准备。因此，我们在建议前，也要问下对方"我有一个小小的建议给你，你想不想听一下？"等对方说"没事，你说吧"时，我们再给出自己的建议。

2. 肯定值得肯定的部分

建议意味着对方做得不够好，如果我们能事先发现对方做得好的地方，并给予非常真诚的肯定和赞美，对方心中就会产生一份喜悦的能量，而这份能量，可以抵消那份不舒服的感觉产生的能量。

3. 给出建议

用词的时候千万注意措辞，不要过分夸张。最好使用我们前面讲到的催眠句式：如果……就更好了。

● （五）拒绝的策略

在正常情况下，如果别人需要我们的帮助，我们应该尽可能地帮助他。但如果对方的要求超过了我们的权限，或者由于很多原因我们没有办法做到，或者我们内心真的不想做，为了内在诚实，拒绝就显得特别重要。比如，你的朋友推荐给你一款你根本不需要的产品，你会怎么办？有些人因为不好意思拒绝，就买了；有些人虽然拒绝了但又觉得不好意思，后面就不怎么联系了。或者你的朋友向你借钱，你不想借给他，可是又不好意思拒绝，要怎么办？有些人因为不好意思拒绝，就勉强借了；有些人一口拒绝之后，又觉得内心过意不去，以后也不怎么跟对方联系了。

买了自己根本不需要的东西，借给了别人自己根本不想借的钱，这些行为本身没什么，关键很多时候，因为身心不一致，我们内心会感受到冲突，感觉到不舒服，这份冲突和不舒服会降低我们的生命能量，同时影响我们和对方之间的关系。那怎么办呢？接下来，我们看看拒绝的方法。

1. 表达意愿

所谓意愿，就是我们想还是不想。其实，对对方来讲，我们最终有没有提供帮助和支持很重要，但我们到底想不想提供帮助和支持更重要。因此，我们要向对方表达我们想要伸出援手的意愿，让对方感受到我们的心意。比如，"我真的很想支持你，不过……"或者"我真的很想借钱给你，不过……"等。

2. 表达歉意

毕竟最终的结果是我们并没有提供支持和帮助，因此这份歉意的表达是必需的。本身我们就有权利拒绝，但当我们为此表示抱歉的时候，对方会感觉被尊重，被关爱。

3. 说明原因

告知对方真实的原因，让对方看到我们的难处和顾虑，继而理解我们。原因说得越具体，对方的感受就会越好。

4. 给予建议

这一步很关键，很多人拒绝之后就不管了，让对方感觉不到被关注和被关爱，仿佛处于孤立无援的境地。因此，可以设身处地地给予一些相应的建议，让对方感觉到我们是站在他旁边支持他的，是愿意跟他一起想办法的。

●（六）通知的策略

1. 说明原因

通知一般的目的是告诉大家某些信息，可能是正式的通知，也可能是非正式的通知。无论是哪种形式的通知，如果我们能在通知之前告诉大家我们为什么要发送这个通知，就能让大家对这个通知更加重视，从而更好地接受。

比如，"为了更好地督促大家深入学习人际沟通技巧，我们决定……"

2. 具体清晰

越具体，对方的执行度越高，因为头脑喜欢简单的流程。

3. 要求确认

所有的通知都有一个最终目的，那就是让对方知道。怎么知道对方已经知道呢？要么当面确认，要么通过电话或短信息方式确认，或者通过邮件确认。总之，一定要让对方确认。

● （七）激励的策略

在团队当中，作为管理者，时常需要激发员工的工作动力，激励员工做得更好；在家庭当中，作为家长，时常需要激发孩子的学习动力，激励孩子做得更好，甚至激励爱人做得更好。要想做到有一个非常重要的秘密武器——赞美。前面讲的赞美更多的是讲赞美可以让别人喜欢我们，其实，赞美的作用不止于此，它还有更大的作用，那就是激励对方行为的改变。很多时候，我们总希望通过批评激发对方的改变，但事实上，赞美会更有效果。

在人际沟通的课堂上，我们有一个赞美体验的环节，专门让大家站在椅子上，接受小组当中所有同学轮流赞美，从而来感受赞美的力量。有几次，在同学们的爱的推动下，我也站在椅子上体验了一把，说实话，那种感觉太美妙了，简直是心灵的按摩，爱的沐浴。当同学们赞美我上课认真负责、专业度高的时候，我内心想，接下来要更认真、更负责、更专业地讲课；当同事们赞美我关心和帮助他们的时候，我内心想，以后要更加关心和关爱大家。可以说，越赞美我什么，我越想做得更多更好。可见，赞美是最好的激励武器。具体可以怎么做呢？

1. 赞美你希望对方做的事

在鲁西南深处有一个小村子叫姜村，这个小村子因为这些年几乎每一年都会有几个学生考上大学、硕士研究生甚至博士研究生而闻名遐迩。方圆几十里以内的人没有不知道姜村的，人们会说，就是那个出大学生的村。久而久之，人们不叫它姜村了，"大学生村"成了姜村的新村名。在惊叹姜村奇迹的同时，人们也都在思索，是姜村的水土好吗？是姜村的父母掌握了教孩子的秘诀吗？还是姜村的老师会点金术？假如你去问姜村的人，他们不会告诉你们什么，因为他们也一无所知。在二十多年前，姜村小学调来了一位五十多岁的老教师，听人说这位教师是一位大学教授，不知什么原因来到了这个偏远的小村子。这位老师教了不长时间以后，就有一个传说在村里流传：这个教师能掐会算，他能预测孩子的前程。有的孩子说，老师说将来我能成为数学家；有的孩子说，老师说我将来能成为作家；有的孩子说，老师说我能成为音乐家；有的孩子说，老师说我将来能成为钱学森那样的人，等等。不久，家长们发现，他们的孩子与以前大不一样了，他们变得懂事而好学，好像他们真的是数学家、作家、音乐家的材料了。老师说会成为数学家的孩子，对数学的学习更加刻苦；老师说会成为作家的孩子，语文成绩更加出类拔萃。孩子们不再贪玩，也不用像以前那样严加管教，变得非常自觉。因为他们被灌输了这样的信念——他们将来都是杰出的人。而有好玩、不刻苦等恶习的孩子都是成不了杰出人才的。就这样过去了几年，奇迹发生了。这些孩子到参加高考的时候，大部分都以优异的成绩考上了大学。这位老师年龄大了，回了城市，但他把预测方法教给了接任的老师，接任的老师还在给一级一级的孩子预测着，而且，他们坚守着老教师的嘱托：不把这个秘密告诉村里的人们。我的一位老师的好几个朋友都是从姜村走出来的，他们说，他们从考上大学的那一刻起，对于这个秘密就恍然大悟了。但他们这些人又都自觉地坚守起这个秘密。就这样，"大学生村"的奇迹一直发生着。

这个故事虽然主要是讲信念的重要性，但我们对孩子的赞美又何尝不是在他心目当中植入的信念呢？我们希望孩子将来优秀，就要赞美他优秀的地方，告诉他，他真的是个优秀的孩子，然后，他就会用优秀孩子的行为标准要求自己，并最终成为优秀的孩子。

甲和乙两个猎人上山去打猎，各打了两只兔子，回到了家里。甲的妻子说："你怎么就打了两只兔子？"甲说："这就不少了。"乙的妻子说："没想到你竟然打了两只兔子，太厉害了。"乙说："这算什么？我明天能打四只兔子。"第二天，甲、乙又出去打猎。甲空手而归，想证明打兔子不易，而乙却带回了四只兔子，想证明自己真的很厉害。这，就是赞美的力量。

有位女学员曾经在课堂上非常自豪地分享了自己不做家务的秘诀。每次先生做了饭，她都会开心地夸赞先生饭做得非常好吃；每次先生打扫了地板，她都会开心地夸赞先生地板拖得非常干净；每次先生整理了房间，她都会开心地赞美先生房间整理得非常整齐。时间久了，先生就把家里的家务全都做了，并且没有任何怨言。这，也是赞美的力量。

赞美你希望对方做的事。希望对方做什么，就赞美对方什么，最终就会收获什么。

2. 赞美对方的努力过程

也许你虽然想让老公做饭，可他做的饭真的不好吃，你无法赞美；你想让孩子下次考个更高的分数，可他这么低的分数让你赞美不出来。有时候对方的行为带来的结果的确不好，我们很难真诚地发出赞美，那怎么办呢？

这时就可以赞美对方努力的过程，让他下次更加努力。毕竟，努力才可能有好结果，不努力一定不会有好结果。

第 **3** 章

全息倾听

倾听，是人的一生最先拥有的感觉。一个孕妇某天偶尔打开收音机，感觉自己腹中的胎儿踢了自己一脚，第二天又是这样，第三天还是这样。后来科学家发现，原来胎儿可以通过羊水的波纹倾听外面发生的一切。

倾听，也是人的一生中最后才失去的感觉。

一个老人正在弥留之际，但他的儿子迟迟没能赶到医院。医生都为老人坚强的生存意识所感动。后来的某个早晨，老人的儿子终于赶到了医院，看见自己的父亲孤零零地躺在床上，呼吸急促。儿子俯在老人身边，轻轻地说了一声"再见"，老人逐渐呼吸平稳，安然而去。

第 1 节 | 倾听的作用

倾听伴随着我们的一生，在生活中可使我们更幸福，在职场中可使我们更顺利。那么倾听的作用到底有哪些呢？

一、表示尊重

前面我们讲到人都喜欢自我表现，那么当对方在表现自己的时候，如果我们不能认真倾听，对方就会有一种不被尊重的感觉。因此，倾听本身就是对对方的一种尊重。

曾经有一个年轻人想找苏格拉底学习演讲，苏格拉底就问他为什么要学演讲，结果这个年轻人听到问题后竟滔滔不绝地说了起来，完全不给苏格拉底插话的机会。等年轻人说得心满意足停下来之后，苏格拉底说，你可以跟我学习演讲的课程，不过要交双倍的学费。年轻人听后非常不解，张大嘴巴惊讶地问："为什么呀？"苏格拉底非常淡定从容地回答道："因为我在教会你演讲之前，还要教会你另外一门课程，那就是如何闭嘴。"

曾经的哥伦比亚大学校长尼古拉斯·巴特勒博士曾说："一个只想到自己的人，是不可救药的未受教育者，不论他读过多少年的书。"

▌二、表达赞美

戴尔·卡耐基先生曾经分享过这样一个故事。他曾去参加一个非常重要的晚宴，席间一位植物学家与他从晚上7点多开始聊天，一直聊到晚上九点宴会结束，并且在结束的时候，还拉着他的手跟他说："戴尔·卡耐基先生，您果然是人际沟通的高手，跟您聊天太开心了。您下次什么时候有空？咱们再约。"戴尔·卡耐基先生听完之后，很是困惑，心想，我晚上都说了什么呀？为什么他会说我是沟通高手呢？一番冥思苦想之后，他发现，原来自己在这两个小时里只说了这么几句话："然后呢？""哦，太棒了，还有呢？""紧接着呢？"其余的时间都是在认真倾听对方的话语。

这就是通过倾听表达了对对方的赞美，赢得了对方的好感。

▌三、鼓励安慰

记得有一次，闺蜜跟老公吵架，来到我家里一顿哭诉，我就坐在她旁边，一句话也没说。等她哭完了，说完了，她的心情就平复了许多。当朋友有情绪的时候，我们不需要说任何话语，只需要倾听对方的想法，感受对方的情绪，给对方表达自我和宣泄情绪的机会就好了。

四、获取信息

沟通需要良好的传达信息的能力，也需要良好的获取信息的能力。因为一个人只有听明白对方的意思，表达的时候才能有的放矢，说到对方的心里去。只有这样，才能达成沟通目标。因此，一个出色的职场人士会平等地接触每个必要的人，并且认真积极地听取值得听取的信息，让自己更熟悉自己的行业，以及自己的上司、客户及员工需要什么，由此也会获得更多的友谊和合作。

我们通常认为沟通高手都是滔滔不绝、口若悬河的人，可是，当一个人真的口若悬河、滔滔不绝地跟你聊天，不给你任何讲话的机会，你真的认为他是沟通高手吗？一定不是。一个人口若悬河、滔滔不绝，只能说明他的表达能力好，但并不一定是沟通高手。沟通高手首先必须是一个倾听高手，然后才是表达高手。

"红顶商人"胡雪岩是很多经商之人学习的榜样。作者高阳在描述胡雪岩时就曾写道："其实，胡雪岩的手腕也很简单，胡雪岩会说话，更会听话。不管那人是如何言语无味，他都能一本正经、两眼注视，仿佛听得极感兴趣似的。同时，他也真的在听，并且还会在紧要关头补充一两语，引申一两义，使得滔滔不绝者，有莫逆于心之快，自然觉得投机而成至交。"

苏格拉底说："上帝给了我们每个人两只耳朵一张嘴巴，就是让我们多听少说。"西方谚语说："花十秒钟的时间去说，花十分钟的时间去听。"中国也有句古话说："说三分，听七分。"其都是在强调听有时候比说更重要。

这一章节我们就一起来学习下如何更好地倾听。

第2节 | 倾听的路径

既然要成为倾听高手，我们首先要思考怎么去听，用什么听。很多人一提到倾听，就会说，既然是倾听，当然是用耳朵听呀。是的，倾听固然是要用耳朵，可是，仅仅用耳朵就可以了吗？

记得有一次中午休息的时候，有一位同学特别热情，邀请全班同学中午一起聚餐。席间，大家聊得特别开心，吃完饭之后，大家继续开心地闲聊。突然间，我注意到这位同学看了一下手机，刚开始我以为他只是想看下时间，后来发现他很快就又看了第二次，并且继续和大家聊天。见此情景，我便立刻说道："我们现在回去吧，回到教室大家还可以休息会儿。"结果我们刚一走进教室，这个同学便说道："老师，那我去休息了，我每天中午都有午休的习惯，不休息下午会非常困，没办法听课。"听他这么说，我瞬间很开心自己刚才接收到了他所传达的信息。也许你会说，他没有说想回去睡午觉呀，是的，他的确没有说，但是他用动作和表情传达了这个信息。

因此，倾听绝不是简单地用耳朵听。事实上，倾听也有狭义和广义之分。狭义的倾听指的是用耳朵听声音，而广义的倾听指的是接收信息。既然是接收信息，我们应该用什么来接收信息呢？

我们用什么来接收信息取决于对方通过什么来传达信息。

美国社会语言学家艾伯特·梅拉比安在他的研究中表明：沟通者在传达信息的过程中，55%通过肢体动作和表情来传达，38%通过语气语调来传达，7%通过语言文字来传达。

因此，我们在接收信息的过程中，不但要接收对方语言文字传达的信息，还要接收对方语气语调、肢体动作以及表情所传达的信息。接收语言文字传达的信息，我们要用耳朵；接收语气语调传达的信息，我们除了用耳朵之外，还要用心。

当孩子放学回家，低着头用非常低沉的语气说了一句："妈，我回来了。"不用心听的妈妈就只听到孩子说回来了，然后就回答说："那赶快洗手吃饭。"于是孩子的不开心就只能窝在肚子里，无处诉说，负面情绪也无处宣泄。而用心听的妈妈就会发觉孩子今天不开心，随后便会关心地问道："怎么了宝贝，今天发生了什么不开心的事情吗？"这样可以帮助孩子从不开心的情绪中走出来，然后更快乐地玩耍和学习。这样的处理方式对增进亲子关系和亲子教育非常有帮助。

除了用耳朵、用心来接收信息，我们还要用眼睛。用眼睛接收对方的肢体动作和表情传达的信息，上面提到的吃饭看手机的案例就是用眼睛接收信息。

因此，倾听不单单要用到耳朵，还要用到眼睛和心。这一点我们祖先在造字的时候就已经告诉我们了。

我们中国的繁体字特别讲究，一个字有可能就是一幅画，一个字有可能就是一个故事，一个字有可能就是一个道理。

我们来看看繁体字的"听"是怎么写的？

聽

你看出了什么？

是的，拆分之后，你会发现，这个字左边是一个耳朵，告诉我们一定要用耳朵听，下面有一个"王"，也就是听的时候要把对方当作王。当大王讲话的时候下面的人能不能插嘴？一插嘴就会被拖出去斩了，是吗？再看看右边，右边从上到下依次是一个加号，然后是"四"，侧过来看正好就是"目"，也就是要用眼睛"听"；再往下有一个"一"，然后加一个"心"，不就是告诉我们要一心一意用心听吗？

这应验了一句话：听其言、观其行、察其色、读其心、解其意。

第3节 | 倾听的内容

　　在上一小节，我们探讨了倾听的路径，也就是通过什么来听。在这一小节，我们来探讨倾听的内容，也就是我们到底要听什么，怎么样才算真正听懂。

　　我给孩子读童话故事时，特别喜欢下面这个故事。因为它不仅洋溢着淡淡的诗意，还让我们看到了成人和孩子思维的差异，提醒我们怎么样才能听懂孩子的话。

　　小公主生病了。御医们束手无策。国王问女儿想要什么，公主说她想要天上的月亮。国王立刻召见首席大臣，要他设法把月亮从天上摘下来。

　　首席大臣从口袋里掏出一张纸条，看了看，说："我可以弄到象牙、蓝色的小狗、金子做成的昆虫，还能找到巨人和侏儒……"国王很不耐烦，一挥手，说："我不要什么蓝色的小狗。你马上给我把月亮弄来。"大臣面露难色，一摊手，说："月亮是热铜做的，离地6000公里，体积比公主的房间还大。微臣实在无能为力。"

　　国王大怒，让首席大臣滚出去。然后，他又召见了宫中的数学家。这位数学大师头顶已秃，耳朵后面总是夹着一支铅笔，他已经为国王服务了40年，不少难题一到他手中便迎刃而解。可这回他一听国王的要求便连声推托，说："月亮和整个国家一样大，是用巨钉钉在天上的。我实在没办法把它取下来。"国王听后很失望，挥手让数学大师退下。

　　接下来被请去的是宫中的小丑。他穿戴滑稽，全身上下还挂着一串串铃铛。他连蹦带跳，叮叮当当地跑到国王面前，问："请问陛下，有何吩咐？"国王又将事情的原委说了一遍。小丑听后沉默良久，方才慢慢地说："陛下，您的大臣们都是具有远见卓识的智者，但月亮究竟是何物，你们的说法不一。不妨问问公主，她以为月亮是何物。"国王表示同意。

　　小丑连忙去问公主。小公主躺在床上，有气无力地说："月亮比我手指甲小一点，因为我伸出手指放在眼前便挡住了月亮。月亮和树差不多高，因为我常见到月亮停在窗外的树杈上。"小丑又问月亮是由什么做成的。公主说："我想大概是金子吧。"

　　小丑连忙让工匠用金子打造了一个小月亮，送给公主。小公主欢天喜地，病也好了。第二天便下床在院子里玩耍。

　　可天近黄昏时国王又开始发愁了，心想："女儿见到天上又升起个月亮岂不又要闹腾？"他连忙将首席大臣和数学大师请来商议对策。

首席大臣说："给公主戴副墨镜如何？戴上墨镜，公主就看不见月亮了。"

国王不同意，说："公主戴上墨镜，走路会摔倒的。"数学大师在房间里来回走着，低头沉思，忽然他止住脚步，说："有办法了，陛下。放鞭炮！放鞭炮和烟花，把黑夜照得如同白昼一样，月亮不是就看不见了吗？"国王摇摇头，说："鞭炮声太响，肯定吵得公主睡不着。"

这时，月亮已经升上树梢。国王只好再去请教小丑。小丑这回也没细想，胸有成竹地说："陛下，我们还是问问公主吧。"小丑走进小公主卧室时，她已经静静躺在床上了，但还没睡着。小丑问公主："月亮怎么能够同时挂在天空和你的脖子上呢？"公主笑了，说："你真傻，这有什么奇怪。我掉了一颗牙齿之后便又长出来一颗新牙齿。采掉花朵后又会长出新的一朵花。白天过后是黑夜，黑夜过后又是白天。月亮也是这样，什么事都是这样。"

小公主的声音越来越低，慢慢合上了眼睛，脸上浮出了甜甜的微笑。小丑给公主盖好毯子，轻手轻脚地走出了房间。

这个故事一定也给你很大的启发吧？

我们总是以为听懂了孩子所说的话，可是仔细想想，我们真的听懂了吗？

认知的差异、思维的差异，让倾听显得格外重要。

听见等于听懂吗？其实，听不等于听见，听见不等于听全，听全不等于听懂。因此，倾听可以分为五个层次，分别是假装地听、选择性地听、专注地听、同理心地听、导师式地听。

第一个层次：假装地听

看起来在听，其实已经神游了，根本没有听到。

第二个层次：选择性地听

其指自己喜欢的、对自己有用的就听，自己不喜欢的、对自己没用的就不听，比如听天气预报只听自己城市的，领导开会时只听绩效相关的部分等。这种倾听当然也能听见，但却只听了一部分。

第三个层次：专注地听

其指我们集中注意力，把焦点完全放在对方身上，用心地听对方说的每一个字、每一句话，听全对方说的所有内容。

第四个层次：同理心地听

同理心是一个心理学概念，最早由人本主义大师卡尔·罗杰斯于1951年提出，指的是在人际交往过程中，能够体会他人的情绪和想法、理解他人的立场和感受并站在他人的角度思考和处理问题的能力。

同理心地听就是倾听他人的情绪和意图。

● （一）倾听情绪

我读研期间，宿舍里面住着三个女孩子，其中一个女孩子让我深刻地感受到不被同理心倾听的那份痛苦。记得研二的时候，有一天，我的男友不知道什么原因提前把晚饭吃了没有等我，我知道后心里很生气，自己孤零零一个人去食堂吃完晚饭后带着那份生气的情绪回到了宿舍。回去之后，见宿舍里只有她一个人，而平常我们关系又很好，我就把自己生气的事情说了出来，并且抱怨道："这个人也真是的，吃饭都不等我。"大概是这样的话吧。结果，你猜我的这位室友是怎么回应我的？"这有什么？你不吃饭人家还不能吃饭啦？"……呃，如果你是我，听完这样的话你会是什么样的感受？说实话，我感觉一下子被她呛了一下，那颗本来就很不爽的心感觉更堵了。那时候我也不知道为什么，但就是感觉心里堵得慌。

研三的时候，我的毕业论文写得差不多时便拿去向导师请教，结果导师说我的论文不符合要求，让我拿回去重写。听到这样的话我感觉特别不开心。心想，都写了这么多了，干吗要重写，改一下不就得了。可是，这话哪敢跟老师说呀，于是带着这份不快的情绪回到了宿舍。恰巧还是这个室友在，于是，我就把导师让重写论文的事情告诉了她，结果，你猜她怎么说？"重写就重写呗，又不是只有你一个人需要重写。"……听到这句话，我和上次一样，感觉心里更堵了。从那以后，我总结出经验来，有不开心的事情千万别找她说，因为越说心里越堵。

直到我成为一名讲师，开始不断学习和提升自己，我才终于明白了为什么室友的回答会让我心里堵得慌。因为，我需要的仅仅是一份理解，而她，却十分理性地给我讲了一个道理。她讲的道理对不对？完全正确。可是，我的感受好不好？非常不好。

直到接触到了"同理心"这个概念后，我才明白，原来我的室友当时没有给予我同理心地倾听，也没有给我同理心地回应。这让我感到自己的感受不被理解，自己的情绪不被接纳，因而心里非常不舒服，感觉堵得慌。

在生活当中，你可能有过这样的体会，我们找朋友倾诉自己不开心的事情，并不是期待对方给我们讲道理、评对错，而只是希望有人能感同身受地理解我们。因此，同理心倾听需要我们听到对方的情绪和想法，然后回应给他们，表达我们的接纳和理解。

如何才能倾听到对方的情绪呢？正如我们前面所讲到的，要通过对方语言文字、语气语调和肢体表情传递出来的信息以及事情的整个来龙去脉进行综合判断。

因为人类的四大基本情绪"喜怒哀惧"根据细腻程度和深度的不同可以分为上百种，对不同情绪的表现进行粗略的概括见表3，内容仅供参考。

表3　不同情绪的表现

表　情	动　作	语气语调	可能对应的情绪
严肃、皱眉	幅度大	声音偏大、语调向下	生气
流泪、噘嘴	收缩	声音偏小	难过
嘴角上扬	伸展	声音偏大、语调向上	开心

●（二）倾听意图

了解倾听意图绝对不是一件容易的事情，因为对方有时候不会把意图直接说出来，这就需要我们听懂对方的言外之意，也就是我们常说的潜台词。

1. 辨别客套话

几千年来儒家文化的传承，让我们中国人养成了含蓄、内敛的性格，说话非常客套，非常在意对方的感受。说起中国人的含蓄和内敛，有一个场景相信大家都不陌生。每逢春节过年，亲朋好友就会拎着大包小包的礼物到家里来拜年，看到朋友拎着这些礼物进门，你通常会说什么？"来就来了，还带什么东西，你太客气了。""人来就好了，下次可不要带东西了。"试问，下一次如果朋友真的两手空空就来了，你会怎么想？你会想，这人太不会来事儿了。很多时候，我们说的话都叫客套话，而这个客套话，如果没有听懂，有可能就会闹出笑话。

记得我在大一的时候，帮助学院里的一位老师做了一些事情，结果这位老师非常热情地对我说："改天请你吃饭。"哇，听到老师这么说的时候，我心里特别开心，心想这位老师真的太好了，帮了这么

个小忙就要请我吃饭。结果你猜怎么着？我从大一等到大二，从大二等
到大三，又从大三等到大四毕业，都没吃到这位老师请我吃的饭。我终
于恍然大悟，原来，老师说的只是客套话。

　　我讲这个例子不是让大家说客套话，而是告诉大家，客套话在我
们的日常生活中是很常见的，遇到客套话，要学会鉴别，不要把客套话
当真。一旦当真，可能让双方都变得很尴尬。记得小时候，有阿姨来我
们家做客，快到饭点了，妈妈说："饭都做好了，留下来吃点吧。"因
为妈妈非常客气，结果这位阿姨真的留下来了。我看着妈妈忙着又去重
新炒菜，才明白，原来妈妈根本没有准备。当时的那种尴尬场面可想而
知。如果阿姨能够根据妈妈是否提前做了准备来判断出妈妈说的是客套
话，这样的尴尬可能就不会发生了。

　　这种客套话在生活中很常见。假如上午十点钟，你的客户去你公
司签合同，签完合同之后正好十一点半，在你送客户离开的时候，通常
会说一句"要不一起吃个午饭再走？"如果你是诚心想请这位客户吃饭
的，但是对方回答说："不用了，怪麻烦的。"你会怎么说？会不会直
接答应然后送客户离开呢？

　　如果是，那就是没有听懂别人的客套话哦！也许这个客户离开
后，心里会想：这个人太假了，根本不诚心请我吃饭，我随便客气一
下，他就不请了。因此，听全每一个字并不代表听懂了整句话，这就
是语言文字的魅力。我们不仅要听对方说了什么，还要听对方没说什

么。在这个案例中，客户说"怪麻烦的"这里指的是麻烦谁？当然是麻烦你。言外之意，我嫌麻烦吗？不嫌。这说明客户心里是想留下来吃饭的，只不过因为不好意思，便客套地说不用了。相反，如果对方说："不用了，不用了，谢谢你，我现在还要赶到城西去，下午有个会议要开。"请问这样我们还要请对方吃饭吗？那就不用了，因为对方说得非常具体和明确，表明了自己真的没有时间留下来吃饭。这就是听懂了对方真实的意图。因此，看起来两者都是"不用了"。但有的是出于本意的真的不用，有的是出于客套的假的不用，这些真真假假我们一定要区分开来，才能听懂言外之意，捕捉到客户的真实需求，以便更好地服务客户。

记得几年前，我在中山上人际沟通晚班课，当时正值盛夏，中山的夜晚非常闷热。在回宿舍的路上，校长问我："郭老师，给你买个西瓜吃吧？"作为传统的中国人，我非常客套地回了一句："不用了吧。"结果，只见我们这位高情商的校长三步并作两步地到西瓜摊那里，说："老板，来一个西瓜。"回到宿舍，我就吃到了甜滋滋的西瓜。你注意我的话了吗？我说的是"不用了吧"，什么叫"吧"？请大家用心去感受。语气词看起来不表达真实的意思，但却可以传达真实的想法。"吧"带有勉强的意思，说明我想吃，但又不好意思，因为毕竟在对方的地界上，对方要付钱。如果我说："不用了不用了，我一吃西瓜就拉肚子。"这样还需不需要买西瓜？不需要了，对不对？这就是要听懂言外之意。

记得演讲家颜永平老师曾经分享过这样一段经历。有一次，云南的几位老师来北京考察项目，因为颜老师当天有课，于是安排了助理王老师带领几位老师北京一日游。下午四点钟的时候，王老师把考察团的老师们送到了酒店，请他们先休息下，并告知六点钟会到酒店门口接他们，颜老师晚上安排了请大家吃饭。 结果考察团带队的刘老师说："都逛了一整天了，你们也累了，晚上要么就别去了。"王老师一听这个，心想，晚上终于可以陪女朋友了，于是，出来之后便给颜老师打了个电话，把这件事告诉了颜老师。颜老师一听，觉得不对劲儿，便让王老师把对方的原话重复一下。王老师便重复道："都逛了一整天了，你们也累了，要么晚上就别去了。"颜老师听完之后，告诉助理王老师，立刻打电话通知各位老师，晚上的活动照常进行，六点钟准时去酒店门口接他们。结果，果然当天晚上，这些老师都过得很开心。因此，他们累不累呀？不累。你知道问题出在哪里了吗？他们说的是"你们"也累了，言外之意"我"累不累？不累嘛。这就是差一点因为没懂言外之意而造成招待不周的非常好的一个案例。

2. 听懂言外之意

有一次在课堂上，一个学员朋友分享了自己的一次经历。

她是一名设计人员。有一天，在即将下班的时候，她看到其他同事都在加班，不好意思离开。正好领导也在现场，她就问领导："领导，我的工作做完了，我能回去了吗？"领导看了看她说："你觉得可以就可以。"她听到这样的回复心里很开心，立刻收拾了东西回家去了。可是，到了第二天开会的时候，领导当着大家的面，批评说有些人就想着自己早点下班，不考虑跟团队一起作战。当时，她心里特别委屈，心想，我已经提前问了领导，而且领导也说了可以回，为什么现在又含沙射影地批评我呢？

一个上海的朋友也分享过一个类似的经历。

他在一家广告公司工作刚满一年的时候，参与了一个广州的设计项目，创意总监要求小组每个成员提交一份设计方案。看过他的方案后，总监沉默了一会儿，评价道："这个嘛，还挺有意思的。"他以为总监很看好他的方案，于是信心大增，加班加点地完善这份方案，还不时地找总监讨论。可没想到一周后的会议上，他发现总监最后采纳的并不是自己设计的方案，而且此后似乎有些冷落他。他心里很委屈，心想，不是说我的方案挺有意思的吗？怎么就没有选我的方案呢？

在你的身上或者身边朋友的身上发生过类似的事情吗？其实，这些事情之所以发生就是因为当事人没有站在对方的立场上进行同理心倾听，没有听懂对方的真实想法。

先说广州的这位朋友，领导一般内心很希望员工留下来加班把工作做好，但又不想强迫对方，于是，只能说："你觉得可以就可以。"实际上，如果领导真的想让她走，会直接明确地告诉她："快回去吧，明天见"。但领导模糊地说了一句"你觉得可以就可以"，实际上就是委婉地表达了自己希望她留下来跟大家一起加班的想法。而我们的这位同学并没有听懂，以至于发生了后来被领导暗示批评的结果。

再看看上海这位朋友的例子。作为领导，下属积极主动地完成了设计，虽然觉得不满意，但也不能一盆冷水浇下去，这会打击员工的积极性。毕竟，鼓励的力量是很大的，因此总监看到这个不是那么满意的方案后仍给予了一定的鼓励。相反，如果领导真的觉得做得好，就一定会直接说"你的方案设计得非常好""太好了"等来明确表达自己的观点。而这个同学不但没有听懂，还不断地找领导讨论，难怪最后跟领导的关系越来越疏远了。

3. 听懂暗示性信息

在课堂上，我通常会在讲到这个内容的时候问同学们一句话："你们热吗？"大部分同学都会异口同声地回答："不热。"然后继续等着我讲课；只有极个别的同学会说："老师你热了吧？要不要把空调调低一点？"如果你是我，哪个回答会让你更舒服、更喜悦、更能满足需求呢？

也许你会说，老师，你想把空调调低一点你就直接说，干吗这么委婉，太费脑细胞了。

有这样的想法也很正常，因为这种说法的确不够直接，绕了一个弯儿。可这是我们中国人含蓄、内敛的表达习惯，可以说是我们中国人古老的智慧传承。

为什么这么说呢？

当我们试探性地问对方是否感觉热的时候，可以避免直接询问带来的被拒绝的尴尬。如果对方体谅我们，或者也觉得热，就会主动提出把温度调低，我们就会得到想要的结果；如果对方情商高，会倾听，也会询问我们是否需要调低温度，我们依然可以达成想要的结果。当然，我们也可能遇到没听懂，达不到结果的情况，但与被拒绝的尴尬相比，我们宁可选择热一些，不是吗？

记得有一次，一个多年不见的朋友来苏州出差，我们约了一起吃晚饭。吃完饭发现快到九点钟了。因为孩子第二天还要上学，我很想早点回去，可毕竟是多年不见的朋友，看着她兴奋的表情，我真的很不好意思开口说离开。于是，我就开始边聊天边收拾包，等我包收拾好了发现她还是没有回去的意思，于是我只好继续耐心听。十几分钟过去了，眼看着她还没有结束聊天的意思，我只好把包背在了身上，把外套从座位上拿到了手里，可即便如此，她还在津津有味地讲。无奈之下，我只好说"咱们回去吧"，这才结束了当晚的聊天。

其实，我早都已经发出了暗示性信息，表示想要早点回去，可是她一点都没有察觉到。

因为人性的复杂，很多的时候，出于面子上的考虑，或者出于关系上的考虑，对方不一定会把真实的想法直接告诉我们，这就要求我们站在对方的角度上进行同理心倾听，去听懂对方的真实想法。

具体要怎么操作呢？

（1）听观点表达的语气程度

记得有一次，我在线上平台做了一个讲座。因为是第一次正式分享，所以很想知道自己讲得怎么样。结果，讲完一个小时之后，同事正好打电话找我，于是，我就随口问了一句："讲得怎么样呀？"问完我就后悔了，对方怎么可能说不好呢？结果，稍微几秒的停顿之后，电话那头传来平淡的声音："挺好的，讲了一些生活中具体的例子，我讲课的时候也会举一些具体的例子。"听完这句话，我马上明白了，对方觉得没有那么好，只是一般般。为什么这么说？因为如果真的好，对方会努力表达自己的情感，可能会说"我觉得你分享得太好了"，或者是"分享得真的挺好的"。这里"太""真的"就属于程度副词。而且语气应该是强烈的，语调应该是上扬的。总之，语气语调中一定包含着欣赏和喜欢的情绪，但是，从对方的回答中我没有感受到。而且对方还稍微停顿了几秒钟，这也是说明对方接下来说的可能不是真实的想法，是经过意识的加工后修正出来的更有利于面子和关系的表达。但语气语调是最真实的，即使文字内容做了修正，语气语调的强烈程度仍能反映出对方的真实想法。

这就是为什么前人告诉我们要听话听音，这个音，就是表达者的语气语调。倾听语气语调时，我们一方面要用心感受对方的情绪状态，另一方面要重点关注对方讲话的语气词，比如，啊、呀、哦、哈、嘿、呢、嗯、吧，等等。

（2）听观点表达的具体程度

记得曾经有一个学员在下课后跟我诉苦，说自己上课前遇到了很糟心的事情，心里很是苦闷，问我究竟该怎么办。原来，他前几天约一个意向客户出来吃饭，对方说那两天比较忙，等过几天吧。等过了几天，他又再次联系那个客户，那个客户又说自己在外地出差，等回去再说吧。他听到这样的回答很生气，觉得客户说话不算数，自己说过几天的，结果过了几天了又说在外地出差。既然知道过几天要出差，就不要答应呀。于是，他越想越觉得这个客户人品不好，说话不算数，因此很生气。

读者朋友，如果你是这位学员，你会怎么想呢？也会像他一样生气吗？我们完全可以理解这位学员失望的，甚至是生气的情绪，但如果他能够听懂对方的真实意图，也许就不会那么生气了。

　　一般来讲，当别人请吃饭，我们自然不好意思拒绝，于是通常会怎么回应呢？一般就是使用"过几天""改天"这样的语句表达。这样的表达是相对笼统的，不够具体，因而我们就可以大体推断对方有可能是不想跟我们出去吃饭。相反，如果对方说，"我这两天挺忙的，咱们周五再约，怎么样？"或者"我这两天太忙了，抽不出身，等我下周二出差回去之后再联系你。"像这样有具体的时间、相对具体的表达我们就可以推断，对方是愿意跟我们一起吃饭的。

　　因此，倾听对方讲话的具体程度可以帮助我们有效推断对方的真实想法。当然，有可能对方本来就是一个讲话不够具体，不拘小节的人，没有关系，可以再约一次，如果下次对方还是这样表达，那基本就可以推断出对方真实的想法了。明白了对方真实的想法，我们又理解对方有自己的顾虑和考虑，自然也就不会那么生气了。

（3）听与主题的相关度

　　上面的例子其实也提到了这一点。如果你跟闺蜜或者哥们一起逛街或者打球，对方突然问你饿了吗？你会直接说不饿，然后继续逛街或者打球吗？如果会，同理心倾听的能力就要提升哦。这个时候，我们只要换位思考下，就会发现，玩得好好的怎么突然说起肚子饿的事情了呢？一定是他 / 她肚子饿了才会谈到这个跟当下无关的话题。

　　通过判定对方的谈话内容与主题的相关程度可以帮助我们了解对

方的需求，即时地满足对方的需求，从而进一步促进关系的发展。

第五个层次：导师式地听

其指不但能站在对方的角度听懂对方的情绪、感受和想法，还能抽离出来，拔高高度，听懂对方的内在需求。

在沟通中，有些需求的表达听起来还会让我们感觉很不舒服，甚至很生气，但是，一旦我们冷静下来，用导师式倾听的方式去倾听一下，很快就会听到对方的需求。比如，先生晚上刚一进家门，太太就抱怨地说道："怎么又这么晚回来，这都几点了？"如果你是这位先生，你会听到什么？你一定是听到了指责和抱怨，对吗？但如果把自己抽离出来，拔高高度，用导师的视角再去倾听，我们还能听到什么？听到了太太希望我们早点回来的那份需要，对吗？这就是导师式倾听。

美国著名的冲突调解专家达纳·卡斯帕森在《解决冲突的关键技巧》一书中写道："不要只听攻击性语言，听听字面背后的意思。"说的就是要倾听对方的需求。事实上，冲突的本质就是双方的需求没有得到满足，关于冲突化解，我们在后面的章节还会讲到。

　　有位学员分享了一次亲身经历。工作了一上午，到了午饭时间，领导很开心地叫着大家伙儿一起去吃饭，准备走的时候，领导问大家："你们想吃什么呀？"其中一个北方的小伙子说："吃面条吧。"领导紧接着问了旁边的一个小姑娘，小姑娘跟着说道："嗯，面条挺好的。"紧接着，领导又问了不远处的一个小伙子，这个小伙子也说："面条好消化，就吃面条吧。"领导听了之后，又问了一个张姓同事，这个同事就非常聪明，说："我想吃米饭，吃米饭可以多吃菜。"话音刚落，领导说："那就听小张的吧，年龄最小，我们都照顾一下。"于是大家就跟着去吃米饭了。

　　小张的情商真是高呀，听懂了领导的需求。其实就是那些答案领导不满意，期待着有人说出自己想听的答案。

　　有些需求不是用语言表达的，而是用行为表达的，这些行为也可能会让我们陷入情绪的旋涡，看不到对方的需求。这时候，导师式倾听的能力就更重要了。

　　一天晚上我的儿子拿彩笔往我身上画，并且拿着玩具往我脸上打。一气之下，我把他揍了一顿，心想，这孩子越来越调皮，越来越不好管了，可是就在此刻，我突然恍然大悟，任何行为都有动机，孩子的这个动机是什么呢？他想获得关注。是呀，这几天我在家忙工作，看起来在家，但对他的关注太少了，以至于他太想和我玩了。因为我没有跟他一起玩他的玩具，他就要跟我玩，怎么互动连接呢？如果他乖乖的，我就会忙自己的事情；如果他搞点事情，我就会跟他互动，跟他说话，虽然互动和说话都是说教的，甚至指责的，但他还是获得了足够的关注，达到了目的。如果我看不到他的需要，一味地指责他，甚至批评他，打骂他，那我们的亲子冲突就会越来越大，亲子关系也会越来越差，后果可想而知。可见，导师式倾听多么重要。

导师式倾听对我们要求很高，因为首先我们不能被对方的情绪所影响，而是要换位思考对方的情绪、感受和想法，然后抽离出来去看到对方内在的需求，再给予相应的支持和帮助。

第 4 节 | 常见的错误

记得有一天早晨，我跟先生一起出门，在去车库的路上，先生边走边说："今天要去上海拜访一个客户，如果这个客户谈下来了，接下来他们公司全国的单子都可以谈下来。"而我呢，只是敷衍地说了一句"那挺好的"，然后就继续分享我早上看到的一条有意思的新闻。还没等我说几句，先生就不耐烦地说："你怎么听不懂我的话呢？"我愣了一下，然后心里不断地琢磨，我咋就没有听懂他的话呢？通过上面的学习，大家一定不用琢磨就知道了，我没有理解先生的情绪，没有听到他潜在的需求，这就是倾听非常常见的错误之一。那么在倾听的过程中，我们常犯的错误还有哪些呢？

一、打断对方

打断对方，俗称插嘴。插嘴是我们在倾听过程中最容易犯的错误，为什么这么说呢？前面我们讲过，人性有一个特点是喜欢自我表现，不希望成附庸听众。因此人一旦有了自己的观点、自己的想法，就很希望赶快表达出来，好让对方听到。这是我们的潜意识驱动的，因而稍不觉察就会插嘴。但因为对方也喜欢自我表现，一旦被抢夺了表现的机会，自然会感到不开心、不舒服甚至是觉得不被尊重。因此，在倾听过程中，一定要耐心地听对方把话讲完，等对方停下来了，或者询问我们的想法时，再开始讲话。

二、没有回应

试想一下，当你得到了晋升或者获得了某项全国比赛的一等奖后，怀着激动又兴奋的心情回到家里，看到坐在沙发上的伴侣，你迫不及待地、兴致勃勃地开始分享自己的好消息，可是对方的眼睛却一直盯着手机在看，丝毫没有想听的意思，此刻，你内心的感受是什么？一定特别生气和无语吧？回应代表着一份尊重，一份倾听的意愿。因此，当我们倾听对方的时候，一定要尽可能地认真倾听，并且跟对方有眼神的互动，因为人喜欢被关注关爱，不希望被冷落。

在沟通的过程中，信息的传递是无处不在、无时不在的。事实上，当我们没有回应的时候，也在向对方传递信息，就是我对你讲的这个话题不感兴趣，我不想听你讲这些。如果我们本身并无此意，而对方接收到了此意，对方的表达可能就会停止。

因此，在倾听的时候，我们要尽可能多地点头，发出"嗯"的声音，及时地跟对方互动。

三、只听一半

有个将军打仗回来特别口渴，于是就跑到灶房找水喝。看到大锅里有汤，便拿起勺子就往嘴里舀。旁边的士兵见状，立刻说："将军，等一下……"还没等士兵把话说完，将军就把汤送到了嘴里，只是刚喝进去就立马吐了出来，并大声喊道："这什么汤呀，跟刷锅水似的。"旁边的士兵马上解释道："将军，这本来就是刷锅水呀，我刚才就想告诉您的。"

生活当中当然不一定会闹出这么大的笑话，但话只听一半就容易断章取义。

四、给予建议

有位妈妈声带长了结节，做完手术后医生强迫她噤声，至少十天不许说话。儿子放学回到家里，进门就嚷："我恨老师！我再也不要去学校了！"

如果平时听到儿子这么说，妈妈一定会严厉地训斥他。但是，这一次她没有这样做，因为她不能讲话。不一会儿，气愤的儿子趴在母亲的膝盖上，伤心地哭着说："妈妈，今天老师叫我们写一篇作文，我写错了一个字，老师就嘲笑了我一番，结果同学们都笑我，真没面子！"

妈妈依然没有说话，只是搂着伤心的儿子。儿子沉默了几分钟，从妈妈怀中站了起来，平静地说："我要去公园了，同学们还等着我呢。谢谢您听我说这些事。"

很多时候，无论孩子也好、爱人也好，跟我们讲话的最终目的不是期待我们的建议，更不是想被指责，而是想表达自己的感受和想法，期待有人理解自己，接纳自己，仅此而已。因此，千万不要盲目地给建议，倾听最好的状态就是理解和看见，理解情绪和感受，看见想法和需求。

五、陷入思考

很多人在倾听的时候，总想着待会儿我要说些什么，陷入自己的思考当中，从而根本听不到对方究竟讲了什么。可正是因为听不到对方讲了什么，所以想好的要讲的内容也无法讲到对方的心里去。

因此，倾听的时候，不要想着待会儿要如何回应对方，我们只需要全身心投入地听就可以了。该轮到我们说的时候，只要之前听得到位，自然知道该说什么。

第 4 章

积极反馈

　　沟通是一个信息在双方之间交互传递的过程，当对方成为谈话的主导的时候，我们要学会倾听。同时在倾听的过程中以及倾听完之后，还要立即转化成为表达者的角色传递信息，我们把这种相对被动的表达称为反馈。

　　为什么我们要用一个章节的笔墨来讲反馈呢？因为反馈太重要了。一方面，人需要关注关爱，如果没有反馈，对方就感受不到被关注关爱的感觉。另一方面，沟通的结果很大程度上受到反馈的影响。反馈得好，则有利于双方沟通顺畅，促进沟通目标达成；反馈得不好，则不利于沟通的顺利进行，从而影响沟通的效果。

第1节 | 积极反馈的基本原则

所谓积极的反馈，就是我们的反馈让对方听完之后的感受是舒服的、愉悦的；相反，消极的反馈让对方听完之后的感受是不舒服的、不愉悦的。因为沟通的最终结果由对方决定，而人又是很感性的，所以只有让对方觉得舒服和愉悦，沟通的目标才能更好地达成。因此，积极反馈至关重要。如何进行积极的反馈呢？

积极反馈有一个基本原则，叫作"先跟后带"。何为"先跟后带"？

从前，有一个非常知名的精神病院。有一天，这个精神病院来了一个小男孩，这个小男孩跟其他的精神病人非常不同，别的精神病人都是疯疯癫癫、大喊大叫，但是他却沉默不语，一句话也不说。医生们给这个小男孩开了各种的精神病药物，进行了大量的心理疏导，却一点效果也没有。有一天，这个精神病医院来了一个刚毕业的医生。了解到小男孩的情况后，这个医生主动请缨想试试救救这个小男孩。当他找到院长说明来意的时候，院长委婉地拒绝了，大概的意思是：这里有这么经验丰富的医生都没有治好，你一个刚毕业的医生，什么临床经验都没有，怎么可能治好呢。可是这个医生很坚持，并且告诉院长，试一试也没关系，万一治好的话也是医院的功劳。院长被他的坚持打动了，并反复强调不让他乱用药物，保证安全，他连忙点点头答应了。

第二天，这个医生什么也没有做，就躲在角落里偷偷地观察这个小男孩。他发现，这个小男孩从早上八点开始就穿着一身黑色的衣服和一双黑色的鞋子，打着一把黑色的雨伞，坐在医院前的台阶上，不跟任何人说话、打招呼，并且一坐就是一整天。第二天，他继续观察，发现这个小男孩依然会在早上八点的时候，穿上黑色的衣服和鞋子，打着黑色的雨伞，坐在医院前的台阶上，依然不跟任何人说话，然后一坐又是一整天。第三天，依然如此。第四天，这个医生没有去观察这个小男孩，而是去超市里，买了和小男孩一样的黑色衣服和鞋子，然后也买了一把黑色的雨伞。在第五天早上八点的时候，他也穿着这身黑色的衣服和鞋子，打着把黑色雨伞，坐到了医院前的台阶上。小男孩看到他，一句话也没有说，他们就这样静静地坐了一整天。第六天，依然如此。第七、第八、第九、第十天也依然如此。到了第十一天的时候，小男孩突然张口说话了，他看了看这个衣服、鞋子、雨伞跟自己都很像的人，问道："你怎么也在这里。"

医生听到小男孩开口讲话了，内心无比喜悦，可因为小男孩的声音很低沉，于是，他克制住内心的喜悦，也用很低沉的声音回应道："我也喜欢这里。"然后继续目视前方保持安静。就这样，又是几天过去了。等到第十七天的时候，这个小男孩说的话渐渐多了起来，每次小男孩说几句，医生就回几句。等到第二十天的时候，医生开始跟过路的人打招呼，他发现，这个小男孩竟然也站了起来，学着他的样子跟过路的人打招呼。就这样，慢慢地，医生说的话逐渐增多，小男孩说的话也逐渐增多。一个多月之后，小男孩出院了。

这个新来的医生用的方法就叫"先跟后带"。他买了同样的衣服、鞋子和雨伞、在同样的时间，坐到了同样的位置，这都是在跟随小男孩的状态和节拍，甚至小男孩都开始说话了，他依然是你说几句，我回几句，保持一样的说话量，这都是在跟随小男孩的感觉和节奏。等跟随得差不多了，他就开始带领对方走出来。方法是自己先慢慢地跟过路的人打招呼，然后等待小男孩跟着一起打招呼。随着打招呼的次数越来越多，时间越来越久，小男孩就从原来的状态里走了出来。

因此，所谓"先跟后带"，就是先跟随对方，让对方感受到被理解和接纳，然后再引导对方接纳和认同自己的观点。其中，"跟"属于对对方观点的有效回应，"带"则属于自我观点的积极表述。接下来，我将从"有效回应"和"积极表述"两个方面进行阐述。

第 **2** 节 | **有效回应**

▍一、创造联结

联结是每一个生命内心深处的渴望，在倾听对方讲话的过程中，我们必须与沟通对象产生足够的联结，才能更好地跟对方进行互动和交流。如何做到呢？

● （一）敞开心扉

人与人之间与其说是用文字交流，不如说是以文字为载体进行情感交流。当我们的心是完全敞开的，潜意识就是打开的，内心就能够很自然而然地与对方联结，双方的情感交流就会更顺畅。

● （二）眼神对视

我们常说，眼睛是心灵的窗口，在沟通的过程中一定要看着对方的眼睛与对方进行交流。当然，这不是说要我们每时每刻每分每秒一直盯着对方的眼睛，而是要与对方有高频次的真诚的眼神对视。

只有打开自己的心灵之窗，看着对方的心灵之窗，我们才能跟对方有更多的心意交流。也许你会说，我就是不敢看别人的眼睛。的确，有很多朋友因为害羞、腼腆、恐惧等原因，不敢看对方的眼睛。正因为如此，在一些书籍里，或者课堂上，有老师倡导大家看对方的鼻梁，或者眉毛之间等地方，来假装在看对方的眼睛。我并不赞成这种方法，在我看来，这种方式犹如掩耳盗铃一般，并不能真正地让对方感觉到我们在看他的眼睛，也不能真正地和对方进行心意的交流。因为眼睛才是心灵的窗口，而眉毛和鼻梁不是。

那怎么做才更好呢？最好的办法就是从根本上克服所谓的眼神恐惧症，勇敢地看向对方的眼睛，捕捉对方的心灵之光。

● （三）适度模仿

物以类聚，人以群分，大部分人都喜欢跟自己相似的人。沟通双方彼此之间的相似性越高，共同点越多，越容易建立亲和感，沟通也就越顺畅。因此，我们可以在沟通的过程中适度地模仿对方。

首先，可以模仿肢体动作和表情。肢体动作和表情包括一个人的站姿、坐姿、手势、表情、神态等。在沟通的过程中，如果对方跷个二郎腿，那么我们也可以跷个二郎腿；如果对方的表情是有些伤感的，那么我们也要马上调整成伤感的表情；如果对方拿起水杯喝了一口水，那么我们也可以顺势拿起自己的水杯喝上一口水等。这就是模仿对方的肢体动作和表情，来让对方在潜意识里感受到我们的一致性，从而产生更强的信赖感。

其次，可以模仿语气语调。语气语调包括对方讲话时的语速、语调、停顿、呼吸等。如果对方讲话的语速很快，讲话激情澎湃，那么我们也要调整语速跟上对方的语速；如果对方的语速很慢，讲话慢条斯理，那么我们就要降低语速让自己慢下来；如果对方说话的音调很高，那么我们也要提高音调跟其在一个调值；如果对方的音调很低，那么我们也要调低音调跟他在一个调值；如果对方说话总是停顿，那么我们也要适当地增加停顿的频率，来配合对方的讲话节奏。这就是通过调整语音语调跟对方在潜意识层面增加亲和感，从而使沟通更顺畅。

另外，还可以模仿文字内容的呈现方式。不同地域的人习惯用的表达方式不一样，如果我们也能做出相应的调整，使用对方地域的习惯表达方式进行表达，效果会大大提升。

模仿需要具备敏锐的观察力，唯一能提升观察力的方式就是反复刻意练习。一开始模仿别人的动作、表情和呼吸时，我们会非常不自在，觉得做得不好、不像，甚至很心虚，这很正常。只有经过大量的刻意练习之后，我们的肌肉才会更加灵活，生理上的反应才会更加自如，心理上的适应能力才会更加强大。时间久了，不必刻意模仿都会做出跟他人相同的动作和表情。

● （四）表示理解

这里的理解包含两方面的内容，一方面是对对方所表达的观点的理解，另一方面是对对方情绪状态的理解。具体如何做呢？

1. 点头附和

每一个人除了喜欢自己，还喜欢认同自己的人。因此，当一个人表达完自己的想法之后，如果对方呈现出他希望得到的结果，他就会特别喜欢对方，因而更愿意和对方进一步沟通和交流。

这里的配合指的就是在回应对方的时候，我们的表情、语言、动作要与对方的表达内容高度一致。假如对方在讲自己的创业史，他希望我们惊讶，我们就要把眼睛睁大；假如对方在讲一个笑话，哪怕我们听过，他希望我们笑，我们就应该笑得前仰后合；假如对方在讲一件伤心的事情，他希望我们理解他的感受，我们就要降低声音，沉下情绪，和他一起感受那份伤心的感觉。具体还可以怎么做呢？

（1）点头

对方说完话后，我们点头表示对对方所说内容的理解。

（2）附和

一般来讲，为了营造我们很愿意听的氛围，促进对方继续讲，我们可以简短地附和"嗯""啊""哦"，或者饶有兴趣地附和"这样呀""怪不得呢""原来如此呀""接下来呢""然后呢"等话语。

说到"嗯"这个回应，让我想起来我之前跟吴云川女士通电话的经历。因为工作交集不是很多，所以我们的通话次数很有限，但即便如此，我们的通话还是给我留下了非常深刻的印象，让我发现，沟通高手果然不一般。在我表达我的观点的时候，只要我稍微停顿一下，就能听到电话那头传来的"嗯"的声音，然后我就继续表达，等我表达完想稍微停顿一下，电话那头就又会传来"嗯嗯"的声音。她总能通过这样的回应让我知道，她在认真听，也正是因为她在整个过程中都在不断回应，所以我讲得非常顺畅，我们的沟通效率非常高。

面对面的沟通因为可以看到对方，所以对方即使不发出声音，我们也能知道对方正在听。可是电话沟通就完全不同，因为彼此看不见表情和动作，如果再听不到对方的回应，我们真的会因为担心信号断掉或者对方不在听而停止讲下去，直至确定对方能够听到为止。

2. 说出对方的感受

每一个生命的内心深处都渴望被理解，如果我们能把对方的感受说出来，会让对方感受到我们对他的理解，从而更加愿意与我们进一步沟通。如何才能把对方的感受说出来呢？

曾经有一个养殖场，这个养殖场里养着各种动物，包括牛、羊、猪等。有一天，主人一大早就要把猪拖出去，结果猪在牧场里号啕大叫，吵醒了隔壁的奶牛和绵羊。奶牛一看这情景，生气地抱怨道："有什么好嚎叫的，主人天天拉我们出去，我们也没像你那样喊得鬼哭狼嚎的呀！"听到这句话，猪生气地带着哭腔说："把你们拉出去只是剃你们的毛，挤你们的奶，把我拉出去，却是要我的命啊！"

奶牛根本不了解猪的处境，因而无法理解猪的行为，更不可能去了解猪的感受。因此，我们只有设身处地地站在对方的角度去考虑对方的问题，感受对方的感受，才能真正地把对方的感受说出来。

记得有一次，我从广州上完课飞往无锡。为了确保先生会准时到达无锡机场接我，我一上飞机就给先生发了信息，告诉他我上飞机了，并且把飞机几点降落的信息发送给了他。之后就开始心安理得地玩起了手机，跟广州的朋友告别，发应景的朋友圈分享心情，总之，完全没有考虑飞机会不会准点起飞，反正我已经在飞机上了。在我认真地看着手机的时候，乘务员走过来温柔地提醒道："女士，您好，飞机已经开始滑行，请您关闭您的手机。"我立刻意识到，飞机要起飞了，于是看了一眼时间赶快关机了。关了手机之后，我才恍然缓过神来，现在已经十一点了，不是说十点起飞的吗？现在也来不及再开机了，看来，先生要在机场等一个小时了。等飞机一降落，我赶快打开手机给先生打电话。电话接通后，我刚说了一句"喂"，就听到对方那边无奈地又无精打采地回了一句"嗯"。我立刻说道："老公，一定等着急了吧？飞机晚点了。"这时候，手机那端传来了充满活力的声音："还行，你到哪儿了？下飞机没？"之后，他愉快地挂掉了电话。在下了飞机走出机场的路上，我一直在思考，他为什么很快情绪好转了？应该是我理解了他的心情，把他的情绪说了出来，他感受到了被理解。

您有过跟朋友约会朋友迟到的经历吗？如果您有两个朋友都迟到了，其中一个来了之后非常抱歉地说："对不起，对不起，我迟到了。"另外一个朋友来了之后也非常抱歉，说："不好意思啊，等得都着急了吧？"哪一个朋友的表达让你觉得心里更舒服呢？答案是第二个，对吗？因为第二种表达说出了我们内心的感受，让我们感受到了被理解。这就是拥有同理心，说出对方感受的重要性。

在日常生活中，如果没有刻意练习，我们很难用同理心去回应对方。接下来，我们做两个场景练习吧！

场景1：儿子放学回家后，用力把书包丢在沙发上，并且说道："今天作文被老师退回，我再也不要为老师做任何事了。"如果你是这个孩子的妈妈，你会如何回应呢？

场景2：客户把新买的产品拍到桌子上，大声嚷嚷道："什么破产品，我要退货。"作为服务人员，你要如何回应？

关于场景1，常见的回应有：

（1）"又乱发脾气，小小年纪总发脾气怎么能行？"这是明显的消极回应，一定会让孩子的情绪能量降低，很难让孩子调整自己的意识焦点，也很难让孩子看到问题的关键所在。

（2）"老师退回你的作文肯定是你写得不好，写得好老师怎么还会退回啊？"这是典型的分析式回应。看起来道理很对，对孩子而言，却缺少了心灵的温度，让孩子感受到的是冷冰冰的道理，而不是温暖的关怀和爱。

（3）"明明就是你的作文写得不好，为什么要怪到老师的身上呢？应该检讨自己。"这是典型的说教式反馈。看到孩子不好的部分，马上提出批评，生怕孩子犯错，生怕孩子变坏。这只会让孩子感受到挫败感，失去学习和做事的信心。

以上这些都不是同理心回应，会让孩子觉得自己不被理解、不被接纳。用同理心回应应该怎么说呢？

"听起来你好像因为作文被老师退回来而感到很生气，不想要再为老师做任何事了。"

"老师把你作文退回了呀，那一定感觉很生气吧？所以不想再为老师做任何事情了，是吗？"

关于场景2，常见的回应有：

（1）"退货我们肯定退不了，您先看下有没有哪里使用不当。"这是相对比较糟糕的回应。因为上来第一句就彻底断送了客户的想法，这本能上就会激起客户的抗拒。客户本就是想来退货的，结果你直接明确地告诉他不能退，他心里怎么会不生气呢？

（2）"您先别生气，生气也解决不了问题，咱们先看看究竟什么情况，看能不能修好。"

这是典型的说教式回应，不但否定了客户的情绪，还在给客户讲道理。道理对不对？非常对。可是客户的感受不会因为道理而变好。

（3）"先生，您先消消气，我帮您看看。"这种回应比上面两个都好很多，是比较常见的回应方式。大家可以换位思考一下，如果你是那个客户，你真的会消气吗？不会。为什么呢？因为你潜意识会想：我为什么要消气？你不给我处理，我的气能消吗？

以上都没有让客户感觉到被理解，无法让客户从生气的情绪当中走出来。如何进行同理心回应，让客户从生气的情绪当中走出来呢？

"先生，看起来您真的特别生气，您刚刚是说您想要退货，是吗？"

"我理解的，先生，刚买的产品就出现问题的确让人非常生气，所以，您是想要退货是吗？"

有时候，我们不是不能理解对方的感受，而是找不到表达这份感受的词语。常见的表达感受的词语有哪些呢？

常见的表达正面感受的词语有：

开心　　高兴　　快乐　　爽快　　舒畅　　愉快　　满足

满意　　陶醉　　幸福　　有趣　　得意　　自豪　　享受

安慰　　有成就感　被尊重　　亲密　　甜蜜　　温馨　　温暖

兴奋　　惊喜　　过瘾　　痛快

常见的表达负面感受的词语有：

懊恼　　沮丧　　失望　　灰心　　难过　　委屈　　伤心

沉重　　后悔　　无聊　　别扭　　痛苦　　悔恨　　心神不安

空虚　　孤单　　寂寞　　苦闷　　茫然　　疑惑　　无奈

无助　　失落　　郁闷　　生气　　气愤　　烦躁　　恼火

压抑　　羞愧　　自卑　　内疚　　没面子　焦虑　　矛盾

紧张　　慌张　　害怕　　着急　　担心

3. 说出对方的想法

美国心理学家埃利斯提出了著名的ABC法则，告诉我们事件的发生只是触发我们内在感受的外在因素，真正决定内在感受的是我们对这件事情的看法。如果我们能够通过对方的感受把他内在的想法也表达出来，对方就会更加感觉到被理解。

记得有一次，先生要出门工作，四岁的儿子哭着不让爸爸走。我只好抱着他，跟他一起把爸爸送到了楼下。即便如此，他还是在爸爸离开后哭得不行。看到他哭得这么厉害，我下意识地说道："没关系的，爸爸晚上就回来了。"听我这么一说，他哭得更大声了。看到这个反应，我马上觉察到自己的方法可能不对，于是赶快说道："好难过呀，真舍不得爸爸，爸爸不上班该多好啊。"话音刚落，他的哭声就停止了。

在回房间的路上，我内心不禁感叹，孩子哪里不知道这些道理，他只是想通过哭来表达自己的感受和想法罢了。而作为家长的我们，只需要把他的感受和想法讲出来，告诉他，我们知道他的感受和想法，就好了，真的不需要讲任何道理。因此，我经常在爱子有方的课堂里反复强调一句话：聪明的妈妈讲道理，智慧的妈妈讲感受。

跟孩子沟通如此，跟大人沟通也是如此。把沟通对象的想法说出来，可以传达我们对对方的理解。之前的两个案例中，我们在说出对方感受的同时，也说出了对方的想法。

4. 复述对方的观点

开篇小倩的经历告诉我们，如果她的老板要求她复述一遍工作内容来确认她理解正确，就不会出现忙了一个月却瞎忙活的情况了。这充分说明了复述的重要性。复述除了确保我们理解正确，还可以表达我们对对方的尊重和对对方表达内容的重视，以及对对方观点的理解。

复述的时候要注意以下几点：

（1）复述关键信息

有些人刚开始学习复述的时候，对方说什么，他就像鹦鹉学舌或者复读机一般把对方说的话一字不落地再重复说一遍，这难免给对方一种不舒服的感觉。因此，我们要学会复述对方的关键信息。毕竟每个人的语言表达习惯不一样，我们要先了解对方所表达的核心内容，总结归纳之后用自己的语言把对方所表达的意思复述给对方，在这个过程当中尽可能地使用一些对方所使用的关键词汇就可以了。注意，不需要一字不落地复述，这很难做到，也不是复述的目的。

（2）适当加衔接词

加衔接词是为了让沟通更顺畅，彼此不会觉得干巴巴。比如：

> 对方说："今天天气真好！"
>
> 复述说："是的，今天天气不错。"
>
> 对方说："苏州真是一个好地方。"
>
> 复述说："是的呢，每年都会有很多人来苏州旅游。"

复述所重点表达的是复述对方的核心意思，并不局限于对方所说的每一个字。因此，为了让意思互相传达得更好，加一些衔接词做润滑剂很有必要。

（3）表示欣赏

在课堂上，经常有学员问我，如何避免让自己成为一个话题终结者。事实上，所有的话题终结者都有一个特点，就是在语言上打击对方、挖苦对方或者让对方难堪。总之，其让对方的情绪值降低，丧失了沟通欲望。

记得有一次，我参加一个朋友的生日聚会。在聚会的时候，大家聊起了家庭教育，我就表达了我的观点。这个时候，一个朋友竟然说："家庭教育没什么含量，什么人都能讲。"听到这句话，我的内心瞬间有不舒服的感觉划过，整个聚会后来都没有怎么跟他讲话。

前面我们讲过人都喜欢欣赏和喝彩，不希望被否定和忽视。因此，我们在回应的时候要尽可能地表达对对方的欣赏。在课堂上，我会要求同学们练习一种能力，叫作"逢话即赞"。也就是无论对方说什么，我们都可以找到值得赞美的点，给予欣赏和赞美。

也许你会问，如果觉得对方所说的内容不值得赞美怎么办？正如那句众所周知的名言——"这个世界上，不是缺少美，而是缺少发现美的眼睛。"万事万物都像硬币一样，有着一体两面，我们需要具备一种能力，就是任何时候，都能看到事物美的一面的能力。只要我们拥有了这种能力，就可以轻松找到对方值得赞美的部分，然后给予赞美。

在课堂上，我会给大家做一个示范。我会随便问一位学员今天是怎么过来的。如果他说："开车过来的。"我就会说："开车挺好的，现在很多商场写字楼下面都有地下车库，我们可以直接把车开到地下车库，然后坐电梯上来，非常方便。"紧接着，我会问下一位学员他是怎么过来的。如果他说："我是打车过来的。"我就会说："打车挺好的，有时候车位真的很难找，开车十分钟，找车位都要二十分钟甚至三十分钟，打车就不用担心车位的问题，随时下车，很省心。"紧接着，我会再问下一位学员他是怎么过来的。如果他说："我是骑电瓶车过来的。"我就会说："电瓶车挺好的，体积小，不占空间，不用担心堵车的问题，而且停靠还方便，我也喜欢骑电瓶车出门。"以此类推，我会一口气问十几个同学，无论对方说什么，我都可以找到值得赞美的点，并给予真诚的赞美。每次，总会有调皮的学生考我说："老师，我开飞机过来的。"我就会说："哇，那太好了，我还没有坐过直升机呢，认识你真的太好了，下次可以跟你一起坐着体验下吗？"学员们往往哈哈大笑。还有学员开玩笑说："老师我爬过来的。"我就会回应说："太厉害了，这么大的人都有勇气爬过来，丝毫不担心别人的眼光和看法，你的心理素质真的太强大了，你怎么做到的？"

有学员说："老师，这是不是太虚伪了？"其实，这不是虚伪，因为，我没有说任何一句假话。我只是看到了不同交通方式独特的优势，然后实事求是地表达出来了而已。

聚焦事物的美好一面是一种能力。只要我们愿意，无论对方说了什么，做了什么，我们都能看到对方值得欣赏和肯定的部分。

第3节 | 积极表述

回应完对方的观点后，我们总要表达自己的观点，如果我们不认同对方的观点，或者想提一些建议，或者被对方的表达激怒，该怎么做出积极的表述呢？

▌一、说出自己的感受

记得有一次，我在课上反复强调人际沟通的基本原则是不批评、不指责、不抱怨。这时候，有个学员举手说："老师，如果我做到了不批评、不指责和不抱怨，但是对方批评、指责和抱怨我，我该怎么办？"这真是一个非常好的问题。

可以肯定的是，当遭遇这样的情况，我们内心的感受一定是不舒服的，甚至是气愤的。这时候，我们怎么办呢？是顺着这股生气的情绪，一嗓子吼出去或者一拳打出去再说？还是一忍再忍直到忍无可忍再来个大爆发？细想一下，好像两种方法都不对。

首先，我们一定不能压抑自己的情绪。情绪是影响沟通效果的最大障碍，无论是自己的情绪有波动，还是对方的情绪有波动，都会影响沟通的效果。前面我们讲过了,情绪会产生能量,这份能量不可能无缘无故消失,只能进行合理转化。如果我们压抑这份情绪,不让这份情绪转化,最终会导致身体和心理的疾病。

其次,我们一定不能随意发泄情绪。情绪发泄过后,自己爽了,可是却使对方陷入了很糟糕的状态,这不利于沟通目标的达成,也不利于人际关系的和谐。

正确的做法是什么呢?在课堂上,我经常跟同学们说,要学会表达情绪,而不是表现情绪。这两者有什么区别呢?表现情绪就是跟随着自己的情绪,任意发泄,可能是大声怒吼,也可能是使劲儿拍桌子,甚至是爆粗口,说很恶毒的话。总之,这些都是在发泄情绪。而表达情绪就是用恰当的语言把自己的情绪说出来,可能态度很严肃,语气语调很有力度,但是没有吼叫的声音,没有暴力的动作,也没有暴力的语言。

比如,"听到你这么说,我内心感觉特别委屈""看到你这样我真的很难过""听到你这番话,我心里感觉特别开心""叫了好几遍你都不回应我,我感觉特别无力"等。

▍二、表述自己的观点

表述自己的观点要条理清晰,重点明确,具体方法可参考第二章的内容。这里有几个注意事项。

（一）用词要柔和

当我们的观点跟对方不一致的时候，我们在表达的过程中一定要避免绝对化的用词。一旦用词过于绝对化，比如：一定、必须、应该、就是、无论如何等，很容易造成对方的情绪对抗，最后达成一致的可能性就会降低。因此，要尽可能使用一些柔和的词语，比如：可能会、有可能、万一、稍微、一点点等。

（二）语气要温和

本来观点就跟对方不符合，强硬的语气更容易激起对方的情绪对抗。我们的语气越温和，对方越愿意听，达成一致的可能性也越高。

（三）态度要尊重

尊重体现在哪里，体现在给对方做选择题，征求对方的许可，比如，"你看这样可以吗？""如果我们……你觉得怎么样？"等。

三、提问引导思考

大脑有一个很重要的功能——思考。在沟通的过程中，当我们抛出一个问题给对方之后，对方就会积极主动地去思考自己的答案。因此，我们在认真倾听完对方的观点并给予积极回应之后，可以先抛出一个问题引发对方思考。待对方给出答案后，我们依然要先积极回应对方，然后再进一步提问，引导对方进一步思考，给出进一步的答案。如此反复，直至对方进入我们想要他去的思维框架中，得出我们期待他认同的观点，达成我们想要的沟通结果。

与提问相对应的就是讲道理。特别是当对方的观点跟我们不一致的时候，因为想快速地让对方认同自己，我们下意识地就想要讲道理去说服对方。但没有人愿意听道理，也没有人愿意被说服。因为，当一个人被讲道理、被灌输想法的时候，他从讲道理的人那里接收到的对方对自己的看法是：你不够好，你不够优秀，你懂得太少，需要我好好给你讲讲这些道理。这是在间接被否定。结合前面的内容就会知道，这会让他在潜意识层面，感受到价值感的降低和安全感的降低。出于自我保护的本能，他就会不舒服、反感，甚至对抗。

引导就相反，它把思考的主动权交给了对方，传递的是对方的尊重和信任。

举例来说，如果我们想让老公拖地，下面的表述哪个更好呢？

A："拖个地花不了多长时间啊，也就几分钟的事。你拖个地，我们的关系不就更好了吗？"

B："老公，如果你帮我拖个地的话，你猜，我们俩的感情会不会更亲密呢？"

如果我们想让孩子把垃圾扔进垃圾桶，下面哪个表述更好呢？

A："孩子，垃圾就要扔进垃圾桶，这样子乱扔，怎么能行呢？一点都不卫生。"

B："孩子，垃圾我们应该直接把它扔到哪里呀？"

如果我们想让客户尽快购买某产品，下面的表述哪个更好呢？

A："反正都要买的，那就早点买呀，早买早受益。"

B："如果早点买的话，会不会能够更早地享用这个产品带来的效益呢？"

第 **5** 章
冲突化解

说起冲突一词，你的感受是什么？会有一种不舒服的感觉吧？

冲突是一种由于观点、行为、价值观等不一致而产生的人与人之间的情绪对立状态，会让人产生不舒服的感受。因此，我们都希望永远不要和他人产生冲突，夫妻之间甜甜蜜蜜，亲子之间和和睦睦，同事之间和谐友好。可是，就像即使是牙齿和舌头也会打架一样，人与人之间，只要接触，就有可能产生摩擦和矛盾，冲突也就无法完全避免。

但事实上，我们完全不用惧怕冲突。古话讲，不打不相识，如果冲突能够得到很好地处理，不但不会破坏关系，反而会增进彼此之间的感情。因此，冲突是一把双刃剑，既可以增进关系，又可以破坏关系，关键看我们怎么应对。

第1节 | 冲突常见的处理方式

张凡是一名刚毕业的大学生，经过层层面试，很幸运地入职了一家上市公司。本来一切都很顺利，结果刚入职一个月就换了一位新的上司。这个上司非常强势，总是给他安排很多不属于他职责范围的工作，刚开始张凡还是很配合的，时间长了，觉得非常不公平。特别是发现这个上司只给他安排这么多工作的时候，就更加气愤了。有一天，他表达了自己不想做这么多额外工作的意思，领导就说了他两句，他内心非常不爽，直接和领导顶撞起来，最后甚至差点大打出手。结果可想而知，他被炒鱿鱼了，离开了那家对他来讲职场发展空间非常大的上市公司。

显然，跟领导顶撞时，张凡内心是非常爽快的，可是，爽快过后呢，面对的是被开除的处境，这一定不是张凡最终想要的结果。这种强势进攻，当场跟对方争得面红耳赤，丝毫不考虑结果的好坏，只考虑自己当下是否爽快、是否压倒对方的处理冲突的方式显然是不恰当的。

　　张芳是一家外企的人力资源经理，从入职到现在将近五年的时间里，总觉得直属领导在针对自己，每次都阻止自己的职场晋升，可她不敢主动找领导沟通此事，每次都是忍气吞声，不是在心里暗自抱怨，就是私下里说领导的不好。可即便如此，每次见到领导她还是笑脸相迎，故作亲密。就这样五年过去了，张芳的职业发展没有任何进步，在这个公司也一直发展平平。

　　这显然不是张芳期待的结果。这种委屈迎合，一切按照对方所说的办，即使内心有一千一万个不愿意，也都全部忍下来了，只求关系维持表面的和谐的冲突处理方法也是不恰当的。当双方没有真实的情感交流，都为了表面而说话办事的时候，人际关系不会有丝毫的进展，自己也不会有丝毫的进步。

　　小美是一个热情善良的姑娘，小时候，特别喜欢行侠仗义，见到弱小的同学被其他同学欺负，总是喜欢伸张正义，帮着出头。有一次，她为了帮一个被欺负的同学，跟霸凌者争吵了起来，因为她口齿伶俐，思维敏捷，霸凌者自然不占上风。结果放学的时候，霸凌者的爸爸来到学校，见到小美就给了她一个大大的巴掌……从那之后，小美再也不敢跟别人起正面冲突了。

　　进入社会之后，小美也不断提醒自己，尽量避免跟任何人起正面冲突。这虽然让小美看起来好相处，却也让她变得越来越没有个性。在和谐表象的下面，隐藏着矛盾和冲突。随着时间的流逝，也许有些矛盾会逐渐消失，但大多数时候，矛盾会像滚雪球一样越滚越大，直至引发更大的矛盾和冲突。

小美的第一份工作就是这么丢的。

小美进入以软件开发为业务的公司的设计部时，部长把她安排给一个仅有高中学历的同事赵刚做搭档。他是一个工作热情、积极肯干的中年男人，可就因学历低的原因得不到提拔，眼看那些没太多经验的大学生都升迁了，他内心很不平衡。

与这样的前辈一起工作，小美总是感有压力，生怕哪里做错了与他起冲突，于是采取了敬而远之的态度，除非是工作需要才跟他多说几句话。可也就是这样，让赵刚产生了一种小美看不起他的心理。

逐渐两人之间在工作上产生了一种对抗情绪，在工作上各执己见，总无法得到调和。后来赵刚向领导提出小美太过于娇气和傲气，不能再做搭档。小美被调到了另一个部门，最后因为不符合职业发展离开了。

小美这种消极回避，远离当事人，不再交往和接触，隔离了一切冲突的处理方式其实也是不可取的。那怎么样才能更好地处理冲突呢？

第2节 | 冲突化解的三个步骤

化解冲突的方法并不难，难的是拥有付诸行动的勇气。

事实上，我们去主动化解冲突不代表我们错了，也不代表我们惧怕对方，只能说明我们更看重这段关系，更希望这段关系能够和谐友好，更希望大家合作的效率能够变得更高。也许你会说，对方不一定这样想。的确，对方怎么想我们无法控制，但如果我们积极主动地去化解冲突，总会提高让关系变好的概率，总会提高让合作效率变高的概率，这不就距离我们的目标越来越近了吗？

只有积极主动地去付诸行动，冲突才有化解的可能。等待对方主动，就把关系变好的主动权交给了对方。但我们自己，才是所有关系的主导者和承担者，不是吗？

经过研究分析，我们总结了冲突化解的三大步骤，又叫"红黄绿灯法"。

▌一、红灯停

停下来做什么呢？停下来觉察下自己的情绪以及情绪背后的想

法，看看这些想法是否影响了自己的情绪以及对事情的正确判断。

美国心理学家埃利斯在20世纪提出了ABC法则，A指的是一个事件，B指的是针对这个事件我们的想法，C指的是我们的情绪感受。这个法则告诉我们情绪感受来自我们对这个事实的想法，想法不同，我们的情绪感受也就会不同。

比如，小偷来到我家里偷走了一万块钱，如果我的想法是，太倒霉了，好不容易攒了一万块钱，就这么没了，那么我的情绪一定是难过的、气愤的；如果我的想法是，还好只是偷走了一万块的现金，没有偷走藏在另一个柜子里的金条，那么我的情绪就是庆幸的、欣慰的。这如同那个我们经常说起的半杯牛奶的例子，同样是半杯牛奶，如果一个人很乐观，他想"太好了，还有半杯牛奶"，那么他的情绪就会是很开心的；如果一个人很悲观，他会想"只剩下半杯牛奶了"，那么他的情绪就是很不开心的。其实，跟牛奶本身还有多少没关系，跟我们看待牛奶多少的想法有关系。

有一个老奶奶，她有两个女儿，大女儿卖雨伞，小女儿卖帆布鞋，生活还算殷实。于是她每天都搬个小马扎坐在门前，跟村里的老人们聊天。有一天，乌云密布，大雨滂沱，她特别不开心，邻居问她为什么不开心，她回答说："我的小女儿是卖帆布鞋的，这天一下雨，小女儿的生意要难做了，于是就不开心了。"邻居想想也是，便没有回应。又有一天，艳阳高照、晴空万里，这个老太太也不开心，邻居又问她为什么不开心，她便说道："我的大女儿是卖雨伞的，今天天气这么好，谁会买雨伞呢，她的生意肯定要难做了。"说完又暗自神伤起来。邻居听后，觉得不对劲儿，就告诉老太太说："遇到下雨天，你应该高兴呀，因为你的大女儿卖雨伞，她的生意会变得很好；遇到大晴天，你也应该高兴呀，因为你的小女儿是卖帆布鞋的，她的生意会变得很好。所以，无论遇到什么天气你都应该开心呀。"听完这番话，这个老太太再也没有不开心了。

因此，我们要觉察自己的想法，让情绪首先平复下来。在冲突的过程中，一定要避免以下三种想法。

● 第一，都是对方的错

在少林寺里，有一位小和尚常被师兄弟们欺负。终于有一次，他与师兄弟们大闹了一场，被师父赶出了少林寺。

小和尚无法理解师兄弟们为什么老是欺负他，更无法理解为什么师父总是偏袒他们。

离开少林寺后，小和尚万念俱灰，什么事也不想做，成天在野外胡乱游荡，就这样整整过了一年。有一天，小和尚来到一条小河边，一位仙风道骨的老者坐在河边的枯草堆上发呆。

小和尚走过去问："您为什么坐在这里？"

老者说："我无法过河！"

小和尚说："这条河不深，应该很容易过去啊！"

老者说："河虽然不深，但是河里的石头做错事情了！"

小和尚不解地问："石头也会做事？它们做错了什么事情？"

老者说："石头上长满了青苔，我一踩上去就会滑倒，所以我过不了河！它们不应该长出那么多青苔的！"

小和尚走到水边看了看，那些石头果然如老者所说的，青青的，非常滑，人根本就无法踩在上面过河。他又往老者身旁的枯草看了看说："老人家何必怪石头做错了事？只要我们在脚板上捆一些枯草，那样踩在石头上就不会滑了！"

老者闻言大悦，连忙与小和尚一起，抓了许多枯草捆在脚板上，然后，在小和尚的搀扶下，轻松地过了河。

老者轻轻叹了一口气说："我已经在这里坐了三个时辰了，之前我一直怨恨那些石头让我过不了河，看来，我这种只会责怪石头，却不想办法过河的做法本身就是一种错误啊！"

小和尚听后，若有所思。

从那以后，他打开了心结，调整了心态，不再抱怨其他人的错误，而是反思自身的问题，并致力于练武修学，几十年后，他开创了名垂千古的武术流派。

我们常常说一个巴掌拍不响，如果两个人之间产生了冲突，一定是双方之间都有问题。只有及时看到自身的问题，我们才不会把责任全部推到对方身上，而是更加聚焦自身的问题，并愿意积极主动地采取行动化解冲突。

● 第二，对方是坏人

大乌龟和小乌龟在一起喝可乐。大乌龟喝完自己的一杯后，就对小乌龟说："你去外面帮我拿一下可乐。"小乌龟刚走两步就不走了，回头说："你肯定是支我出去后，要把我的可乐喝掉！""这怎么可能？你是在帮助我呀！"经大乌龟一再保证，小乌龟才同意去。

1小时过去了，大乌龟耐心等着……2小时过去了，小乌龟还没回来……3小时过去了，小乌龟仍然没有回来。这次，大乌龟想："小乌龟肯定不会回来了，它肯定是自己在外面喝可乐呢。它不回来，那我干脆把它这一杯喝了吧！"

正当大乌龟拿起可乐刚要喝的时候，小乌龟就像从天而降一样，站在大乌龟面前，气冲冲地说："我早就知道，你迟早要喝我的可乐！""你怎么知道了呢？"大乌龟尴尬而不解地问。"哼！"小乌龟气愤地说，"为了证明我的判断，我在门外站了3个小时了！"

当我们把对方往坏处想，想当然地认为对方是有私心的，是故意针对我们的，猜忌和不信任就会产生，继而会曲解对方的语言和行为，甚至捕捉各种迹象证明自己是对的，导致冲突的产生和关系的破裂。因此，遇事把对方往好处想，就不会让自己陷入猜忌的境地。毕竟，行为背后都有正面动机，任何人做任何事情在他当时看来都是合理的。

● 第三，我也没办法

杰克在一家贸易公司工作了2年，始终没有任何职位的晋升，他觉得一切都是因为老板不重视自己，不给自己机会，所以决定离职。此时正好遇到了大学时的好朋友，他便把自己想要离职的想法告诉了这个朋友，原因是老板根本不重视自己，不给自己展示的机会，自己不得不选择离职。

　　"你把公司的贸易业务都弄清楚了吗？对于做国际贸易的窍门完全弄懂了吗？"他的朋友问道。

　　"没有。"

　　"大丈夫能屈能伸，我建议你先冷静下来，认认真真地对待工作，好好地把他们的一切贸易技巧、商业文书和公司组织完全搞懂搞通，甚至包括如何书写合同等具体事务都弄懂了之后，再离职，这样做岂不是既出了气，又能有许多收获？"

　　杰克听从了朋友的建议，一改往日的散漫习惯，开始认认真真地工作起来，甚至下班了，还留在办公室研究商业文书的写法。

　　一年之后，那位朋友又遇到了他，"你现在大概都学会了，可以准备拍桌子不干了吧？"

　　"可是我发现近半年来，老板对我刮目相看，最近更是委以重任，又升职，又加薪，说实话，现在我已经成为公司的红人了！"

　　"这是我早就料到的！"他的朋友笑着说，"当初你的老板不重视你，是因为你工作不认真，又不肯努力学习；后来你痛下决心，担当的任务多了，能力也加强了，他当然就会对你刮目相看了。"

对方不重视我们一定有对方的原因，我们要去思考的是如何让对方重视我们，而不是抱怨，认为自己无能为力，或者一走了之。

"我也没有办法"是一种习得性无助，如果我们在过去成长的过程中被打击得太多，很可能会觉得再怎么努力都没有用，或者再怎么沟通都没有用。因此，我们要觉察自己的习得性无助。记住，即便我们的沟通不一定有用，但只要迈出去这一步，就有有用的可能性。

二、黄灯等

等什么？等着找出满足双方需求的策略。冲突之所以产生，根本上是双方的需求没有得到满足。因此，要去思考，自己的需求是什么？对方的需求是什么？怎么样才能既满足对方的需求又满足自己的需求呢？如何沟通才能达成双赢的结果？

从前，有两个饥饿的人得到了一位长者的恩赐：一根鱼竿和一篓鲜活硕大的鱼。经过谈判，其中一人得到了那篓鲜活的鱼，另一个人得到了一根鱼竿。得到鱼的人想要鱼竿，对方不给；得到鱼竿的人想要鱼，对方也不给。于是，两个人争得面红耳赤之后不欢而散。

得到鱼的人原地用干柴搭起篝火煮起了鱼。他狼吞虎咽，转瞬间，连鱼带汤吃了个精光。不久，他便饿死在空空的鱼篓旁。另一个人则拿着鱼竿继续忍受着饥饿，一步一步艰难地向海边走去。当不远处的那片蔚蓝色的海洋出现在眼前时，他最后一点力气也用完了，于是他只能眼巴巴地带着无尽的遗憾撒手人寰。

又有两个饥饿的人，他们同样得到了长者恩赐的一根鱼竿和一篓鲜活硕大的鱼。只是经过沟通、谈判，他们并未各奔东西，而是商定一起去找寻大海，他俩每次只煮一条鱼共同分享。经过长途跋涉，他们来到了海边。两人从此开始了以捕鱼为生的日子。

几年后，他们盖起了房子，有了各自的家庭、子女，也有了自己建造的渔船，过上了幸福安康的生活。

三、绿灯行

行什么？用行动去构建和谐沟通氛围，达成第三选择，满足双方需求。

最重要的是要立刻降低对方的防备心，构建和谐沟通氛围。冲突之后，人们的本能是防御的，内心是不安全的。因此，我们首先要降低对方的防御心理。具体可以怎么做呢？

第一，主动道歉

主动道歉并不是说我们否认了对方的错误，而是积极承认了自己的错误。每一个人心中都有良知。道歉不但可以降低对方的防备心，还会升腾起对方的良知，让对方也愿意看到自己需要做得更好的部分。

第二，澄清立场

也就是告诉对方我今天来找你不是来指责你的，也不是来批评你的，而是为了跟你找到共同的解决方案。

第三，提出共同目的

也就是说，我们其实都是为了同一个目标，只是大家思考的角度不一样，看问题的方式不一样，只要我们一起多多交流，一定可以一起达成目标。

第 6 章
人脉积累

俗话说："多一个朋友多一条路。"朋友多了路好走，因此我们都知道朋友的重要性，以及人脉积累的重要性。可是究竟如何才能积累繁密的人际关系网络呢？这些年站在人际沟通课堂的讲台上，遇到特别多关于人脉积累的问题。有不知道怎么跟陌生人快速认识的，有不知道怎么给别人留下良好第一印象的，还有第一印象很好可是深入不下去的。在这一章，我将结合这几方面的问题给大家做一些分享。

第 1 节 | 关系秘籍

哈佛大学用长达75年的研究告诉我们，良好的人际关系不但是事业成功的重要因素，也是提升幸福感的关键。究竟如何才能拥有良好的人际关系呢？

接下来，我邀请你做一个简单的思考：你喜欢和什么样的人交往呢？他们可以用哪些形容词来形容呢？你可以在旁边空白的地方写下来。下图中的词语是我在课堂上带领学员一起推理总结出来的。

愿意和什么样的人交往？

幽默：满足 快乐的 需求   随和：满足 轻松的 需求

同理心：满足 被理解的 需求   大方：满足 利益的 需求

积极向上：满足 上进的 需求   宽容：满足 被理解的 需求

有影响力：满足 上进的 需求   有修养：满足 被尊重的 需求

自律：满足 上进的 需求   孝顺：满足 安全的 需求

颜值高：满足 审美的 需求   懂礼貌：满足 被尊重的 需求

看着前一页图中的这些词语，你发现这些人有什么共同的特点吗？你参照自己写下的词语，是不是发现了同样的规律呢？

是的，我们喜欢交往的这些人都在某种程度上满足了我们的需求。也就是说，我们都喜欢和满足自己需求的人交往。

因此，我们跟别人交往也要满足别人的需求，为别人创造价值。这就是人际关系的终极秘籍，简单地说，就是满足别人的需求。

马克思主义哲学告诉我们，要辩证地看待问题。接下来，我们思考第二个问题，我们不喜欢和什么样的人交往？同样用一些形容词形容他们，他们会是什么样的人呢？你可以写在旁边空白的地方。然后试着看看，他们有什么共同的特点呢？

下图是课程中同学们写下来的词语，由于时间关系没有写太多，不过足以有代表性了。

不愿意和什么样的人交往？

负能量：不能满足上进的需求　　强势：不能满足被尊重的需求

虚情假意：不能满足安全的需求　　小气：不能满足利益的需求

自私：不能满足利益的需求　　自我：不能满足被尊重的需求

是的，我们不喜欢交往的人都不能满足我们的某种需求。也就是说，我们不喜欢和不能满足自己需求的人交往。

综上所述，人际关系的终极秘籍有两点：第一，满足别人的需求；第二，不威胁到别人的需求。

说来说去，人际关系如何同是否满足对方的需求有关，那么人的需求都有哪些呢？关于需求，前面我们讲过，心理学家马斯洛提出了人的需求层次理论，即人的需求从下到上分为生理需求、安全需求、归属需求、尊重需求和自我实现需求。这个需求层次理论现在已经被广泛应用于企业管理当中了。

结合马斯洛的需求层次理论，纵观人类所有的需求，它们还有什么特点呢？

一、隐藏性

精神分析创始人弗洛伊德提出的意识和潜意识理论告诉我们，有时候，出于面子、价值观和社会文化的原因，有些需求是不被允许表达的，或者不好意思表达，因而就会被隐藏在潜意识当中。

几千年的传统文化形成了中国人内敛含蓄的性格，使得很多时候，我们对需求的表达都是隐藏的、不易被察觉的。因此，有学者把中国文化称为"饺子文化"。饺子大家都吃过，如果不咬一口，根本不会知道里面究竟是荠菜肉馅的还是芹菜肉馅的。而西方文化被称为"比萨文化"。比萨大家都知道，不用吃只需要看一眼就知道包含了什么菜，因为它的馅儿都在表面，一目了然。因此，我们跟别人相处一定要留心，甚至需要挖掘别人的需求，这样才能有机会满足别人的潜在需求。这也是我们前面讲到倾听如此重要的原因所在。

二、阶段性变化

正如万事万物都是在发展变化的，每个人的需求也都不是固定不变的，也都会发生阶段性变化。例如，大家此时愿意花时间来读这本书，是因为有想要提升人际沟通和人际关系能力的需求。等大家的这项能力提升了，也许就去读其他书籍了，或者去学其他技能了，这就是需求的阶段性变化。

三、 能量守恒

试想一下，如果我们一个拳头打在桌子上，桌子受力了，那我们的手有没有受力呢？当然有，这就是所谓的作用力与反作用力。它们是同时发生的，而且大小相同，所用的功也相同，即能量守恒。

为什么需求会有能量守恒的特点呢？举例来说，假如我们在地铁上给一个六十岁的老奶奶让了个座位。我们有没有满足老奶奶的需求？有，对吗？那满足了老奶奶什么需求呢？有座位的需求、被帮助的需求，对吗？同时，老奶奶有没有满足我们的需求呢？当然有了。满足了我们的什么需求呢？满足了我们助人为乐的需求、自我价值实现的需求，对吗？虽然两者表现形式不同，但是所带来的情绪感受的能量是相同的，这就是需求能量守恒的特点。也就是说，只要我们满足了对方的需求，对方也一定会同时满足我们的需求，虽然满足的方式不是我们当下最想要的，甚至是我们不易觉察的，但能量一定是守恒的。

在中国传统文化的智慧里面，有四个字，叫作舍即是得。为什么舍即是得呢？因为我们满足别人需求的同时，别人也会满足我们的需求，能量守恒。

"天长地久。天地所以能长且久者，以其不自生，故能长生。是以圣人后其身而身先，外其身而身存。非以其无私邪？故能成其私。"其告诉我们，天地之所以能够这么长久，是因为它们不为自己的生存而自然地运行着。因此，有道的圣人遇事时谦退无争，反而能在众人之中领先；将自己置之度外，反而能保全自身生存。这不正是因为他无私吗？所以能成就他的自身。

可见，大自然造人的时候，造就了人性的自私，却在万事万物的运行法则中设置了这样的机制：想要成全自私，必须先要无私，只有无私，才能最终成就"自私"。

▌四、共性需求和个性需求

我们所有的人都需要穿衣服，这是共性需求。但为什么有人喜欢穿红色的，有人喜欢穿黑色的？这就是个性需求。

▌五、物质需求和精神需求

我们都需要食物、空气和水，这是物质需求。但同时我们也都需要被尊重、被欣赏，这就是精神需求。事实上，很多人之所以沟通失败，就是没有满足对方的精神需求，这就是前面我们讲到的沟通心法重要的原因，也是我们前面反复强调人的五大精神需求的关键所在。

第 2 节 | 破冰之术

你曾经有过这样的经历吗？在一个聚会的场所，或者一个学术论坛上，你看到有一个人很优秀，你非常想认识他，非常想跟他成为朋友。可是，这个想法却只是在你的脑海里存在着，聚会或者论坛结束之后，你还是没有认识那个人，更别提跟他成为朋友了。

认识一个人是跟他成为朋友的开始，那么如何才能认识一个人呢？是要等着别人来介绍吗？还是等着那个人主动地认识我们呢？相信你的答案一定是否定的，毕竟，那要等到什么时候？况且别人为什么要主动呢？明明是我们想要认识人家，不是人家想要认识我们，对吗？因此，你知道答案了吗？如果今天我们要跟别人认识，打破不认识的状态下沉寂的冰面，我们一定要做到四个字，那就是"主动出击"。关系牵动着两端，任何一端主动走近另一端都会让两端建立起关系。有一句话说得非常好，叫作"山不过来我过去"，就是这个意思。

曾经有位培训师讲过这样一个故事。曾有一个人有幸参加乔•吉拉德关于人脉的演讲。演讲前他不断收到乔•吉拉德助理发过来的名片，在场的两三千人几乎都是如此，都有好几张，没想到，等演讲开始后，乔•吉拉德却是把他的西装打开，至少撒出了三千张名片在现场。一撒出这些名片，全场更是疯狂。他说："各位，这就是我成为世界第一名推销员的秘诀，演讲结束！"可见，对于世界推销冠军乔•吉拉德而言，建立人脉资源最重要的东西就是"主动出击"。

在课堂上，经常有学员问我："老师，我也知道要主动出击，可就是没办法做到怎么办？"是啊，说起来容易，如何真正地做到呢？

首先，我们要分析下自己为什么做不到？

▎一、不够自信

在课堂上，学员们给了我很多回答，包括怕被拒绝，担心别人爱搭不理，害怕会没面子，等等。紧接着，我都会问他们一个更深入的问题："你怎么知道别人会拒绝你？"这时候，会有同学低声地回答："不自信。"

是的，因为我们觉得自己不够好，所以也想当然地认为，别人也觉得我们不够好。既然别人也觉得我们不够好，那么就有可能会对我们爱搭不理，或者直接拒绝。因此出于自我保护，我们就不敢主动出击、自讨没趣了。这种潜意识里的心理过程其实就是心理学上一个非常重要的概念——"投射"。

何为投射？心理学家曾经做过一个著名的疤痕实验，可以让我们清晰地理解这个概念。心理学家们邀请了10位志愿者来到咨询室，并请化妆师在每位志愿者的左脸颊上精心涂抹逼真的鲜血和令人生厌的疤痕，然后用随身携带的小镜子使每位志愿者都看到自己脸上的疤痕。当志愿者们在心中记下自己可怕的"尊容"后，心理学家收走了镜子，并且告诉他们，为了避免妆容花掉，需要请化妆师再定一下妆。定妆完成后，心理学家把这些志愿者带到各大医院的候诊室里候诊，并请他们留心感受这段时间的内心感受。实验结束后，志愿者都反馈说感受到了候诊室里人们的鄙视、不屑、嫌弃、躲避等眼光，内心特别不舒服，纷纷感叹人们以貌取人。这时候，心理学家又给大家发了一面镜子，这些志愿者惊奇地发现，原来，自己的脸上没有任何疤痕，跟原来正常的时候一模一样。可是为什么他们却感受到了候诊室里人们异样的眼光呢？是的，因为他们看自己的眼光是异样的，并且把这种眼光都投射到了他人的身上。

投射无处不在，假如说今天中午你跟好友聚会，因为太开心了吃饭的时候把衣服前面弄脏了，但是下午正好有重要的会议要参加，所以需要立刻去商场再买件新衣服。假如你在逛商场的过程中，选中了一家店在仔细挑选，旁边正好有两个售货员在低声耳语，这个时候你会想什么？"她们一定是讨论我怎么把衣服弄这么脏，太丢人了。"换一个场景，假如你今天跟爱人约好了单独的甜蜜时光，出门时精心打扮的你穿上了最喜欢的裙子，站在镜子里陶醉了一番后出门了。去到商场后，发现爱人还要一个小时之后才能来，于是你打算去商场里逛一逛。在逛到一家店的时候，你正在精心挑选，看到有两个售货员在低声耳语，请问这个时候你会想到什么？"她们一定在夸我的衣服很漂亮。"事实上，无论是哪一种场景，我们都想多了，别人压根就没有关注我们，可为什么我们会有这样的感觉呢？这就是投射，无处不在。可以说，有人的地方，就有投射。因此，著名作家张德芬老师说："亲爱的，外面没有人，只有你自己。"

因此，我们怎样看待自己，就会感受到别人怎样的眼光。只有我们觉得自己足够好，充分自信，才能轻松地主动出击，同更多的人成为朋友。关于如何让自己变得更加自信，我会在后面给大家专门详细分享。

▎二、不了解头脑构造

在某个瞬间，你有没有发现你说话的语气语调很像你追随了很久的一个领导？

在某个片刻，你有没有发现你的动作特别像自己相识多年的朋友或者结婚多年的伴侣？

为什么会这样？这其实就是镜像神经元的杰作。在我们的大脑中有一种神经元（即神经细胞），叫作镜像神经元，它们在人类文明发展的过程中产生了至关重要的作用，可以说，如果没有它们，人类文明就不会快速发展，人类文化也难以顺利传承。究竟这些神经元有什么了不起的作用呢？看它们的名字你就知道了，镜像神经元，也就是说，它们会像镜子一样成像。成什么像呢？就是把看到的人物的表情、神态、样貌呈现出来，同时发射信号给掌管相应功能的脑神经细胞，如视觉神经细胞、味觉神经细胞等，使它们发送信号去支配相应的感官细胞和组织，从而表现出跟沟通对象一模一样的表情、神态和动作，使得人类潜移默化地模仿着经常看到的人，这就是人类模仿的真相。

美国潜能激发大师安东尼·罗宾多次在他的演讲中提到，模仿是最高效的学习。他鼓励想要学习演讲的朋友多去模仿别人演讲。事实上林肯总统的演讲能力的提升也是得益于模仿了大量的名人演讲。我们也使用了这个方法，会让同学们在课堂上通过模仿练习肢体打开和语气语调的升降，同时，也鼓励同学回去多听、多看名人或者偶像的演讲。人们一般在大量的模仿后就可以快速地提升演讲能力。

模仿分为有意模仿和无意模仿，有意模仿就是特意花心思、花精力专心观察，然后通过镜像神经元的协调，从而掌握模仿对象的动作和行为要领的过程；无意模仿指的是在不注意的情况下，我们的镜像神经元自主地将沟通对象的表情和神态等成像，然后发送信号给相应的感官神经细胞，使它们支配感官细胞的行为，从而发生模仿现象的过程。

人类的无意识模仿是人类在进化的几千年过程中衍生而来的能力。只有跟对方更像，对方才会有安全感，才会更容易接纳我们，于是这个能力便传承了下来。

了解了镜像神经元的秘密，我们就不难理解为什么当别人微笑着向我们走过来，我们也会不假思索地报以微笑了，这就是镜像神经元在起作用。因此，当我们满脸微笑热情地走向对方，对方也一定会热情地报以微笑，怎么会拒绝我们呢？我们的担心都是自己想出来的。

记得有一次，一个特别认真学习、爱思考的学员跑过来问我："老师，我之前有过发传单的经历，我发现发传单的时候，无论我多么热情，很多人都是看都不看我，冷冷地就走掉了，甚至躲开了，这又是为什么？难道镜像神经元不起作用了？"这是一个非常好的问题！为什么会发生这样的情况呢？是的，在这种情况下镜像神经元不起作用了，因为当我们以发传单的推销人员的身份走近对方的时候，特别又是在陌生的外部环境里，对方的自我防御机制就会启动。而一旦自我防御机制启动，镜像神经元就不会起作用了。因此，我们所说的是在正常的社交场合下，比如论坛、聚会等对对方来讲相对安全的环境里。

三、不了解人性

前面我们讲了人性有一个很大的特点，就是喜欢和善热情，不希望被拒绝和伤害。既然人性如此，除非防御机制被启动，否则大部分人都不会拒绝一个面带微笑、和善热情的人。

而且，试想一下，如果在一个有很多人的场合，有一个人主动面带微笑来和你认识，那么你会是什么感觉？是不是感觉自己还是蛮优秀的、蛮有价值的？其实，主动认识对方本身就是对对方的一份认可、一份欣赏，对方怎么会拒绝呢？除非对方察觉到你有很强的目的性。了解到这一点，我们就更要大胆地主动出击了。

四、不知道说什么

相比以上问题，这是最好解决的问题。只要不怕被拒绝，又足够真诚和热情，无论我们说什么，对方都能感受到我们想要与他认识的这份情感，于是也一定会积极地回应我们（人们一般喜欢和善热情）。因此，这时候说话的内容不那么重要了，重要的是让对方感受到我们想要和对方交流的意愿。

细心的你会发现，身边的朋友经常会问"吃饭了没呀？""从哪边过来的？""今天天气真的好热啊！"等类似的话语，这些话题看起来毫无意义，但实际上是传递我们想要跟对方接触的情感的载体。可以说，内容本身并无特别意义，最重要的是与对方交流的情感。

一般来讲，我们可以破冰的话题是双方都很熟悉的、有交集的话题。其主要分为两类，一类是个体相关，另一类是集体相关。

个体相关可以聊什么呢？

1. 赞美

比如赞美对方的衣服，询问是从哪里买的；赞美对方的演讲，表达对他的欣赏。

2. 询问

比如"你是从哪儿过来的？""从哪里了解到这个论坛的信息的？""有没有吃饭？"等。

集体相关可以聊什么呢？可以聊天气、新闻热点等。

了解了以上的内容，现在是不是能做到主动出击了？

记得有一次，一个上海的学员激动地说，学完人际沟通课程，最大的收获就是能够主动出击了，相信你也一定能够做到。不过知道不等于做到，你要立即行动哦。合上书本去主动认识五个人吧，打破会被拒绝的假想，让自己成为一个随时可以主动出击的人，加油！

第3节 | 联结之法

当我们主动跟别人相互认识之后，我们还需要和对方有进一步的联结，这样才能让关系有更进一步的发展，让别人愿意和我们进一步交往下去。

如何做到呢？

还记得前面我们讲的人的第三个精神需求吗？人需要被欣赏和喝彩、不希望被否定忽视。因此，想要别人喜欢我们，我们要做的就是真诚地欣赏和赞扬别人，使别人觉得重要。具体的赞美方法我们在前面的章节已经重点阐述过了，这里不再赘述。

可是，我们要真诚地欣赏和赞扬别人什么呢？

我们首先要增加与对方的接触，用心发现对方身上的闪光点，然后再由衷地表达出来。没有接触，怎么发现呢？无论是网络上微信、朋友圈的虚拟接触，还是现实生活中面对面的真实接触，只有相互接触，我们才能发现对方身上的闪光点，从而能有机会去表达真诚的欣赏和赞美，获得别人的喜欢。

增加接触的方法有很多，比如，朋友圈点赞、微信互动、一起逛街、一起喝茶、一起参加活动、请求帮助等。

关于请求帮助，很多人会觉得不好意思麻烦别人，其实这是一个误区。好的关系都是互相麻烦出来的，如果你不麻烦我，我不麻烦你，彼此之间一直都是单行线，没有任何交集，又如何有更深的联结呢？请求帮助是一个很好的增加联结、让彼此之间情感流动的机会。

当然，如果我们想要让别人喜欢，首先要让世界上最重要的一个人喜欢，那个人是谁？没错，是我们自己！所以，接下来，我邀请你轻轻闭上你的眼睛，然后问自己一个问题，我喜欢自己吗？如果喜欢，喜欢自己什么？想好之后，请你拿出一支笔和一张纸，把你能想到的自己的优点全部写出来。

如果你一口气写了十个以上，恭喜你，说明你挺喜欢自己的，挺自信的。如果你想了半天就只写出了两三个，那么说明你不够喜欢自己，换言之，就是不够自信。

很多时候，不是我们没有优点，而是我们根本看不到自己的优点，这就是不自信的表现。

如果你就是不够喜欢自己，不够自信，那么怎么办呢？

记得有一次，刚刚结束人际沟通的课程，坐在人头攒动的火车站，我感觉到身体特别疲惫，真想放空脑袋，好好发个呆！可是，一想到无论是当众讲话课，还是人际沟通课，甚至是爱子有方课，总是会有很多学员问我："老师，我就是不够自信，怎么办？"遇到类似的问题，我就特别想结合自身的经验给大家分享一些提升自信的方法，于是写了一篇关于提升自信的文章，今天也一起分享在这里，希望让更多有缘阅读到本书的朋友可以从中获益。

关于自信的重要性，古今中外很多名人用他们智慧的语言留给了我们很多忠告。爱因斯坦说，自信是向成功迈出的第一步；爱默生说，自信是成功的第一秘诀；海伦·凯勒说，信心是命运的主宰。我想说，自信，是我们战胜困难的力量，也是我们把握机会的钥匙。因为，一个人没有自信，就会在困难面前低下头颅，缴械投降；一个人没有自信，就会在机会面前仓皇逃走，错失机会。

2009年，我考上了上海海洋大学的硕士研究生，在选择硕士生导师的时候，我没有选择校长（校长正好是我们学院的）。因为我觉得，校长选人一定非常严格，要求也一定非常高，我报了也肯定考不上，还不如不报，于是，我就报读了另外一名导师的研究生（当然，我的导师也很好）。非常有意思的是，在我去学校面试的时候，我跟一个女孩子合住，她的分数没有我高，我问她报了哪位导师的研究生，她跟我说："校长呀，最好的导师不就是校长吗？"看着她一脸自信的表情，我的心里涌出了一种说不出的滋味。

一周后，她告诉我，她面试成功了，成了校长的学生。

显然，我输给了自卑，而她，用自信赢得了机会。

研究生的生活有条不紊地进行着，因为每天坚持早起读英文，虽然我口语没有那么标准，但英语表达的流畅性特别好。在研究生一年级一次食品化学的英语演示中，我凭借着独特的台风和流利的口语表达赢得了满堂喝彩以及化学老师的高度赞美。课后，有个女同学告诉我说："云霞你英语真好，我们一起考雅思出国吧。"当时，我就跟她说："好呀，我也有出国的想法，我们一起努力。"是的，我的确是有想法，可也只是有想法，因为我不相信自己能考好雅思，也觉得出国一定要花很多钱，而我的家里拿不出那么多钱。

两年之后，毕业前夕，她告诉我她拿到了去澳大利亚留学的录取通知书，一刹那间我惊住了。她两年前的梦想真的实现了，我真的很为她开心，可同时，一种失落感也充满全身，因为，那个梦想，曾经我也有过。只不过，我在雅思战争来临之前，就已经缴械投降了。

那个下午，我拖着沉重的身心回到宿舍，一屁股坐在椅子上之后，足足两个小时的时间，一动也没有动。三年前选导师的事情再次浮现在脑海中，我仿佛看到了这两件看似不同事情的背后有一些相似的原因，让我明明很想要，却都没有得到。哪怕我是拥有那些能力的，也依然没有得到。

我很幸运，走上工作岗位之后，从事了我最擅长的工作，随着职场经验的积累和个人能力的提升，也渐渐知道，那个相似的原因，叫作不自信。

这些年，走在演讲培训和个人成长的道路上，经历了职场的晋升，也走过了创业的坑洞，自信一步步地积累起来，甚至在某一个瞬间，都有了点自负的感觉。还好及时觉察，没有在那个状态里停留太久，但是，这份感觉，标志着我真正地成了一个自信的人。那么，借着这个机会，我想总结一下，以下几个建议都是我的实践经验，这些行动帮助我爬出了自卑的泥潭、获得了自信心的提升，达到了今天的自信状态，相信也一定可以帮助到更多的人。

所谓自信，从字面意思看就是相信自己。相信自己什么呢？相信自己有足够的能力面对未来的困难、机遇和挑战等。一个人自信与否，取决于他在生命成长的过程中形成的关于自己够不够好、有没有能力、优不优秀的信念。这些信念来源于哪里呢？主要来源于个人的经验和感受。当一个人成功的经验和感觉积累得足够多时，他就会产生自信；当失败的经验和感觉积累得足够多时，他就会变得不自信。

因此，想要变得自信，就一定要积累成功的感觉。可成功的感觉来自哪里呢？来自别人的赞美吗？是的，别人的赞美的确有时候会让我们有成功的感觉，但是，大家有没有发现，即便别人赞美了我们，有时候，我们还是觉得别人是故意说好听的话，为了面子上好看才说的，对吗？因此，如果我们自己不认同自己，别人给再多的赞美，我们的内心都不会接受，因而也就不会积累成功的感觉。

我们最容易接受谁的赞美呢？

是的，我们自己。当我们真的认同自己做得很不错的时候，就会拥有成功的感觉，这份感觉是如此的真实。那是不是我们不需要外界的赞美呢？也不是，如果我们非常认可自己，外界也恰巧给了很多赞美和正向反馈，那么成功的感觉就会被加强，更有利于自信心的提升。当然，即便一个人自我感觉很好，如果外界给的都是否定的反馈，积累到一定的程度，他也会开始怀疑自己。毕竟，人是环境的产物。

因此，一个人的自信来源于内在对自己的认可程度以及外在他人对自己的认可程度。这两方面的力量内外结合、相互作用，形成了一个人对自己的认可水平，认可水平高就形成了自信，认可水平低就会不自信。

结合这些理论，我们可以具体做些什么来提升自信呢？

● （一）开启挑战

成功的感觉一定是通过行动获得的，只有自己真实地行动了，拿到了那个结果，自己才会更加相信自己。因此，给自己定一个小小的目标，开始一次挑战吧！

记得挑战难度不要太高，要让自己稍微努力就能够达到。挑战也不需要太难，做自己喜欢的就好。比如，喜欢早起，就坚持三个月每天六点钟早起；喜欢读书，就坚持三个月每天读书打卡半小时；喜欢跑步，就坚持每天慢跑五公里；等等。只要坚持了，实实在在做了，越做成功的感觉积累得就越多，内心也会越有力量。

自信是阶梯性提升的，随着挑战的目标越多，成功的经历越多，我们就会登上一个又一个自信的台阶。

（二）朋友圈打卡

《他人的力量》这本书里提到了他人的评价对我们的影响，当我们在朋友圈坚持打卡的时候，很多朋友看到会点赞、留言，这些赞美和肯定会进一步强化成功的感觉，让我们变得更加自信。同时，这也是一份仪式感，这份仪式感也可以让我们成功的感觉更强烈。

（三）写成功日志

每个人都有自己特别了不起的地方，只有看到了自己了不起的地方，才会感受到那份成功的感觉，相反，如果我们看到的都是自己做得不好的地方，积累的也都是自己不够好的挫败的感觉。

写成功日志是非常好的聚焦自己做得好的地方，强化自己成功感觉的方法。

看到日志两个字，你没有被吓到吧？这里不是让你写长篇大论，而是记录自己做得好的值得肯定的部分，有时候，两三句话就够了。

比如，"今天老板当着全公司的面夸我的方案做得好，这一个星期的努力都是值得的，为自己的努力和坚持点赞，我太棒了！""今天去拜访一个很多人都无法打动的客户，成功签单了，我真的太厉害了，我要给自己点个大大的赞！"用类似的话，表达出对自己的欣赏和赞美就好。

● （四）去赞美身边的人

当我们赞美别人的时候，别人一定会赞美我们，我们就会收获某些方面还不错的成功的感觉，因而也会有利于自信心的提升。也许刚开始，做不到去赞美他人，没关系，学着觉察，学着尝试，当我们感受到其中的快乐之后，就会更容易做到了。

这些都是我用过的实实在在的技巧，每一个都需要切切实实地去行动。与其坐而论道，不如起而行之。行动是建立自信的基础，赶快定个小目标行动起来吧！希望每一个人都可以拥有自信状态，畅享幸福人生。

第4节 | 深入之门

在课堂上，我提到过一个非常形象的比喻。破冰之术就是让别人认识我们，联结之法就是让别人喜欢我们，深入之门就是让别人爱上我们，积累之道就是让更多的人爱上我们。听起来非常形象、生动和好玩吧？关键是怎么样才能让别人爱上我们呢？

记得有一次，在上海长宁校区上课的时候，有一位学员提问说，自己给别人的第一印象一直都挺好的，可是总是感觉关系很难深入，很想知道原因是什么。你有这样的困惑吗？你身边有这样的朋友吗？认识了很多年，可是关系依然不咸不淡。我相信一定有的。那你身边有这样的朋友吗？认识没几年，可是感觉关系就已经非常深入了，甚至彼此是好哥们、好闺蜜。我相信也是有的。因此，关系是否深入在某种程度上同认识的时间长短有关系，超过一定的时间长度，一般是半年，就同认识的时间长短没关系了。那同什么有关系呢？

关系的深浅指的就是我们交情的深浅，而所谓交情，就是我们为对方创造了怎样的价值，创造的价值越大，交情越深。因此，人与人之间关系的深浅与认识时间的长短无关，与是否经常联系互动的频率无关，与彼此是否真正地为对方创造了价值有关。移动互联网的发

展，将人与人之间的联系变得越来越容易，因此，出现了所谓的点赞之
交，你为我点赞，我为你点赞，这种方式虽然可以让彼此更开心，但如
果没有更深入的价值互换，关系是没有办法很深入的。因此，与其花时
间不断点赞，不如花时间想想怎么样为彼此创造价值。

很多年前我在某次课上讲到了关于关系的话题，一位学员非常踊
跃地举起了手，问我是否能分享一下他的经历。带着好奇心，我和同学
们听完了他的分享。原来，他在刚开始创业差不多一年的时候，遇到了
资金链短缺的情况，当时已经基本决定要把公司关掉了。后来没多久，
他前一家公司的领导找他出来喝早茶，两人一见面自然聊了很多，他也
如实分享了自己的近况，表示因为资金链短缺所以决定把公司关掉。当
时这个前任领导并没有任何表态，但是在下午四点多的时候，这个前任
领导打电话过来问他资金链短缺多少，问他10万元钱够不够，如果够的
话第二天上午就转账10万元给他。那时候他听到之后别提有多激动了，
连忙说"够了够了"。第二天上午，他的账户上果然多了10万元，正因
为这10万元，他的公司起死回生了。我现在都记得这名学员在课堂上拍
着胸脯说："在我心里，以后不管他有任何需要我帮助的地方，我两肋
插刀也在所不辞。"看，这不就是有了很深的交情了吗？试想一下，这
样的关系还需要逢年过节短信问候吗？还需要有事没事微信上点赞评论
下吗？一定是不需要了。

因此，深入之门就是要真心付出，在别人的心里建立情感账户。

何为情感账户？就像每个人在银行都开设了储蓄账户存了金钱一样，我们也可以在别人的心里开设情感账户储蓄情感。金钱是有价的，而情感是无价的。

如何在别人的心里建立情感账户呢？三个小技巧分享给大家：

● （一）芝麻技巧

说到芝麻，你想到了什么？非常小，对吗？是的，芝麻技巧就是指我们要从点点滴滴的小事中去关心关爱别人。

曾经有一位非常知名的机要秘书，长相平平、学历较低、外语也不好，可是很多人都争着抢着聘她当秘书，因为她给谁当秘书，谁就升官升得比较快。那她有什么特异功能吗？当然没有。她就是非常会使用芝麻技巧。有一次，在接受记者采访时，她说道："从政的人，日理万机，顾不上琐事，而我在领导每次应酬之前，都会提醒他当天会见的人物，于公、于私最近发生了什么事。甚至写进小纸条，让领导在车上复习。"这样当她的领导遇到了很久未碰面的朋友，就开始亲切地问候近况，包括"新添的小外孙长得怎么样？""儿子快结婚了吧？""夫人从欧洲旅游回来还开心吧？"，等等。如果会见的人最新发表了一篇文章，她的领导就会赞叹文章发表得好极了。这样，她的领导给每一个人留下了消息灵通、记忆力好，对他人特别关心的印象，当然更受大家的欢迎，仕途也更顺利。

曾经有一位学员也特别会使用芝麻技巧，给我留下了深刻的印象。因为大半个月以来我都在各大校区穿梭着讲课，而且总是忘记喝水，那两天口腔溃疡特别严重。咨询老师看到之后非常心疼，在开场的时候就告诉大家说云霞老师口腔溃疡还要给大家讲课，大家要认真听。结果，等课间休息的时候，就有一位学员非常热心地走到我跟前，把专治口腔溃疡的西瓜霜粉递到了我的手里，说这个很好用，用完之后很快就好了，并提醒我要多喝水。那一刻，我的内心真的感到特别温暖。两天下来，整个班级的学员里，我对他的印象最深刻。

芝麻技巧具体的方法特别多，比如记住对方的生日，及时地递上一杯水等。总之就是要从点滴的小事中给对方带来温暖和感动。

● （二）送炭技巧

说起送炭，你一定想到了"雪中送炭"对吗？是的。锦上添花诚可贵，雪中送炭价更高。越是在别人最需要的时候，我们的帮助就越能给别人带来更多的价值，从而储蓄更多的情感。

有一个发生在美国的真实故事。一个风雨交加的夜晚，一对老夫妇走进一间旅馆的大厅，想要住宿一晚。无奈饭店的夜班服务生说："十分抱歉，今天的房间已经被早上来开会的团体订满了。若是在平常，我会送二位到空闲的房间，但今晚真的没有空房了。可我无法想象你们要再一次置身大雨中，你们何不待在我的房间呢？它虽然不是豪华的套房，但是还是蛮干净的，因为我必须值班，我可以待在办公室休息。"这位年轻人很诚恳地提出这个建议。老夫妇大方地接受了他的建议，并对给服务生造成的不便致歉。

次日雨过天晴，老先生前去结账时，柜台内仍是昨晚的这位服务生。这位服务生依然亲切地表示："昨天您住的房间并不是饭店的客房，因此我们不会收您的钱，也希望您与夫人昨晚睡得安稳！"老先生点头称赞："你是每个旅馆老板梦寐以求的员工，或许我可以帮你盖栋旅馆。"

几年后，他收到一位先生寄来的挂号信，信中说了那个风雨交加的夜晚发生的事，另外还附了一张邀请函和一张纽约的来回机票，邀请他到纽约一游。

在抵达曼哈顿几天后，服务生在第5街及第34街的路口遇到了这位当年的旅客。这个路口正矗立着一栋华丽的新大楼，老先生说："这是我为你盖的旅馆，希望你来为我经营，可以吗？"这位服务生感到非常惊奇，说话突然变得结结巴巴："您是不是有什么条件？您为什么选择我呢？您到底是谁？"

"我叫作威廉·华尔道夫·阿斯特，我没有任何条件，我说过，你正是我梦寐以求的员工。"老先生回答说。

这家旅馆就是纽约最知名的华尔道夫酒店，这家酒店是纽约尊荣地位的象征，也是各国的高层政要造访纽约下榻的首选。当时接下这份工作的服务生就是乔治·波特，一位成就华尔道夫世纪地位的推手。

是什么让这位服务生改变了其人生命运？毋庸置疑是他遇到了"贵人"，可为什么威廉·华尔道夫·阿斯特会成为他的贵人？是的，因为他在那一晚是威廉·华尔道夫·阿斯特夫妇的贵人。

● （三）流水技巧

水向来是古代先哲们学习的榜样。《道德经》第八章有："上善若水，水善利万物而不争。处众人之所恶，故几于道。"流水技巧，指的是我们要像流水一样滋养万物，润物细无声，而且不求回报，仅仅是用心地单纯付出。

同时，因为洗完衣服的水本来很脏，静置一段时间之后，上面的水开始变得很清澈，说明水很包容。与人相处，我们要有气量，懂得包容别人的错误和不足，这样才不会因为一件小事最终导致关系的破裂。

第5节 | 积累之道

所谓积累之道，其实就是破冰、联结、深入这三个步骤的不断加强和重复。

无论是破冰，还是联结，抑或是深入，都需要我们对别人感兴趣。只有对对方感兴趣了，我们才愿意去破冰，才能发现其身上的闪光点，也才能找到更多为对方创造价值的机会。

个体主义心理学鼻祖阿德勒曾经说过："对别人不感兴趣的人，他一生当中遇到的困难最多，对别人的伤害也最大，所有人类的失败，都出于这种人。"我们且不论这句话是否太过绝对，大师只是想告诉我们"对别人感兴趣"究竟有多重要。事实上，只有我们对别人感兴趣了，别人才会对我们感兴趣，我们也才可能赢得友情。友情越多，朋友越多，自然遇到的苦难就会越少。毕竟，老话说得好，朋友多了路好走。

如何对别人感兴趣呢？

一、永远对他人抱有好奇心

在这个世界上，每个人的个人经历、内心世界、思想境界都截然不同。每一个生命都有属于自己的故事，当我们愿意走入别人的故事，去看到更多的人生百态的时候，我们已经拥有了好奇心了。

二、了解对方的兴趣爱好

比如，喜欢吃什么菜，喜欢喝什么饮料，喜欢穿什么类型的衣服，喜欢什么样的休闲娱乐方式，喜欢看什么类型的书籍，等等。

香港有一家四星级酒店。有一个美国人，每次去香港，都要去这家酒店入住。因为第一次入住时，偶然地和饭店总经理谈到他有个爱好，就是喜欢喝胡萝卜汁。没想到刚进门，就发现房间里已经摆上了一杯现榨的胡萝卜汁，他大受感动。接着每一次入住，房间里都会提前为他摆好胡萝卜汁。每次到香港，一下飞机，就想着有一杯胡萝卜汁等着他，你说他还会去别的酒店吗？十年时间过去了，房价涨了好多，但是他依然选择入住这家酒店，因为他感受到了关心和重视。毕竟，还有谁能给他这样的被重视的感觉呢？

三、真心地关心和关爱

　　曾有一位学员分享了她在公司做前台接待时的一次经历，那是2010年的冬天，下了很大的一场雪。人事部要求她下班前一定要逐一通知前来公司应聘的人，可是等了好久，快到下班的时候，她才拿到名单。看着窗外渐黑的夜景，以及在风中摇曳的雪花，她好想赶快打完电话，早点回家。她开始逐一拨打电话，有些人接了电话，她就直接通知了，有些人没有接到电话的，她就只能等着对方回电。过了一会儿，陆陆续续回电了。一般人听到通知后都直接说"谢谢"，但有一个人与众不同，他说："谢谢通知，这么晚了，还没走？今天下雪了，回家的路上要当心。"听到这句话，她心里特别感动，回家的时候心里有着满满的温暖。她说，我通知过好几百人，但都没有什么印象，而这个人，虽然后来再也没见过，也没来公司上班，但我却永远地记住了他的名字。我想，在这位学员的心里，她已经把这个人认定为朋友了。

　　关于积累之道，我还特别想提醒大家：人际关系的积累跟广交人脉有关，但前提是我们自身必须有价值，如果自身没有价值，认识再多的人也不会和对方成为朋友，最多只是认识而已。记住，你是梧桐，自有凤凰来栖息；你是大海，自有百川来汇聚。努力提升自己的价值吧，让每一个认识自己的人都获得价值，人脉积累自然就会越来越广。

　　衷心祝福每一位朋友都可以广结善缘，广交人脉，事业成功，一生幸福！

图书在版编目（CIP）数据

零距离沟通 / 郭云霞著 . — 上海 ： 东华大学出版社，
2021
ISBN 978-7-5669-1866-6

Ⅰ．①零… Ⅱ．①郭… Ⅲ．①人际关系学－通俗读物
Ⅳ．C912.11-49

中国版本图书馆 CIP 数据核字（2021）第 186043 号

零距离沟通
LING JULI GOUTONG
郭云霞 著

责任编辑 / 李　晖
出版发行 / 东华大学出版社有限公司
　　　　　　地址：上海市延安西路 1882 号 邮编：200051
　　　　　　电话：021-62193056
　　　　　　网址：http://dhupress.dhu.edu.cn/
印　　刷 / 上海盛通时代印刷有限公司
开　　本 / 890 毫米 ×1240 毫米　1/32 开
印　　张 / 7.5
字　　数 / 246 千字
版　　次 / 2021 年 12 月第 1 版　2021 年 12 月第 1 次印刷
ISBN　978-7-5669-1866-6　　　　　　　定价：69 元